KB205929

일반서신(성경, 이해하며 읽기)

Reading in understanding the Bible

일반서신(성경, 이해하며 읽기)

발 행 | 2023년 8월 1일
저 자 | 장석환
펴낸이 | 장석환
펴낸곳 | 도서출판 돌계단
출판사등록 | 2022.07.27(제393-2022-000025호)
주 소 | 안산시 상록구 삼태기2길 4-16
전 화 | 031-416-9301
이메일 | dolgaedan@naver.com

ISBN | 979-11-979752-4-0

https://blog.naver.com/dolgaedan

성경, 이해하며 읽기 **일반서신**

일반서신

야고보서 베드로전후서
요한일이삼서 유다서

장석환 지음

성경, 이해하며 읽기 시리즈를 시작하며 2.

성경을 통해 하나님을 만난다.
성경을 통해 하나님과 동행하면 풍성한 삶이 된다.

누구를 만날 때는 인격적인(지정의) 만남이 되어야 한다.
그의 생각과 마음을 만나고 힘까지 공유하는 만남이다.
성경에는 하나님의 뜻(지)과 마음(정)과 힘(의)이 담겨 있다.
성경을 잘 읽으면 우리는 하나님을 만나게 된다. 아주 실제적으로.

좋은 사람과 만나 대화를 하면 행복하듯이
말씀으로 하나님을 만나면 행복하다.
하나님을 만나는 다양한 방식이 있다.
성경은 하나님을 만나는 가장 실제적 방법이다.

마음과 의미가 전달되지 않는 대화가 무의미하듯이
성경을 이해하지 않고 읽으면 성경을 읽는 것이 아니다.
성경을 이해하지 못해서
성경을 통해 하나님을 만나는 것을 모른다.

모든 사람이 성경을 이해하며 읽기를 소망하며
매우 쉽지만 누군가에게는 가장 좋은 주석이 되기를 소원하며
큰 글씨로 쉬운 주석 시리즈를 쓰고 있다.

이 주석이 하나님을 생생하게 만나는 만남의 장이 되기를 기도한다.
하나님께 영광되기를 기도한다.

성경, 이해하며 읽기 **일반서신**

〈목 차〉

야고보서

1.시대

야고보서는 신약 성경 중 가장 먼저 기록된 성경이다. 신약 성경의 기반이 된다고 말할 수 있다. 40년대 중반에 기록되었다. 예수님이 승천하신 이후 10년이 지난 시점이다.

신약성경의 기록연대는 조금 의견이 다른 면이 많지만 개괄적으로 정리하면 크게 네 시대로 나뉜다. 1.40년대 기록된 성경은 야고보서와 갈라디아서이다. 2.50년대 기록된 성경은 교리서인 로마서와 고린도전후서 그리고 데살로니가전후서와 옥중서신인 에베소서 빌립보서 골로새서이다. 3.60년대는 성경이 제일 많이 기록된 시기이다. 대부분의 나머지 성경이다. 4.90년대는 요한의 기록물로 요한서신과 요한계시록이다.

2.저자 및 유명한 구절

야고보서의 저자는 사도 야고보가 아니라 예수님의 육신의 동생 야고보이다. 야고보는 예수님의 모든 것을 보고 자랐다. 그는 예수님이 어떻게 사셨는지를 알기에 믿음에 있어 행함을 강력하게 주장한 것으로 보인다. 그는 이후에 수도사요 금욕주의로 산 것으로 유명하다.

루터는 야고보서를 지푸라기 성경이라 하였지만 나는 야고보서가 신약의 방향성을 잡아준다고 생각한다. 믿음의 방향을 제시한다. 야고보서는 신약 성경 중에 가장 먼저 쓰인 성경이다. 복음이 아직 이방인에게 전해지기도 전에 쓰였다. 바울이나 성경의 다른 저자들이 성경을 쓸 때 야고보서를 이미 알고 있었고 그 바탕 위에 기록하였을 것이다.

"이와 같이 행함이 없는 믿음은 그 자체가 죽은 것이라" (약 2:17) 야고보는 분명하게 '행함이 없는 믿음은 죽은 것이다'라고 말한다. 그런데 이 말씀이 야고보서 안에서만 맴돌 때가 많다. 그러나 우리는 '모든 성경이 하나'임을 안다. 그러기에 다른 성경에서도 이 구절을 명심해야 한다. 이 구절과 조화를 이루게 해석해야 한다.

'오직 믿음'이 '행함이 없는 믿음'으로 오해되지 말아야 한다. '행함'은 '믿음 이후'로 생각해서도 안 된다. 믿음과 행함은 어떤 면에서는 같은 것이다. 믿음이 있어야 행하고, 행함이 있어야 믿는 것이다. 성경은 믿음을 이야기한다. 그런데 '행함이 없는 가짜 믿음'이 기승을 부린다. 그러한 가짜 믿음에 속지 않기 위해서 야고보서를 잘 알아야 한다.

윤리 없는 종교는 어떤 종교라도 도태되어야 한다. 올바른 종교는 신앙인을 바른 윤리로 이끌어야 한다.

기독교는 어떤 종교보다 더 윤리적이다. 하나님 형상을 따라 창조되었는데 어찌 비윤리적일 수 있겠는가? 믿음은 하나님의 형상을 회복하는 것이다. 따라서 마땅히 윤리적이다.

우리가 믿는다는 것은 하나님을 우리의 주인으로 받아들인다는 것을 의미한다. 하나님이 우리의 주인으로 오셨다. 그렇다면 당연히 예수님의 아름다움을 닮아가게 된다. 하나님이 우리 안에서 행하시는데 어찌 비윤리적인 행동을 하시겠는가?

속사도 시대 때 기독교가 소수로 로마의 박해 속에 있을 때 변증가들이 한결같이 당당하게 말하며 변증했던 가장 큰 무기가 '윤리'였다. 기독교인이 윤리적이었기 때문에 그것을 가지고 사회를 향하여 기독교를 변증할 수 있었고 복음을 설득력 있게 호소할 수 있었다.

일반서신의 특징은 '윤리'에 대한 강조이다. 오늘날 한국교회에 더욱 필요한 성경이 있다면 일반서신이라 생각한다. '윤리가 없으면서 믿는다 말하는 거짓 믿음'에서 헤어나와야 한다.

우리의 윤리는 단순한 윤리가 아니라 하나님의 성품을 닮아가는 윤리이다. 일반서신은 한결같이 우리가 살아가야 하는 삶의 방향을 제공한다. 하나님의 성품을 갖는 것은 믿음 그 자체라는 측면을 가지고 있으며 우리의 삶을 풍성하게 해 준다. 믿음을 풍성하게 해 준다. '거룩한 성품'은 하나님이 우리 안에 주인으로 계시는 '주인 되심'의 확장이다. 하나님 나라 확장이다.

〈성경본문〉

1. 한글본문: 대한성서공회. (1998). 성경전서: 개역개정. 대한성서공회.
   "여기에 사용한 '성경전서 개역개정판'의 저작권은 재단법인 대한성서공회 소유이며, 재단법인 대한성서공회의 허락을 받고 사용하였음."
2. 영어본문: GNB(American Bible Society. (1992). The Holy Bible: The Good news Translation (2nd ed.). American Bible Society.)

야고보서 1:1-27

1 하나님과 주 예수 그리스도의 종 야고보는 흩어져 있는 열두 지파에게 문안하노라

From James, a servant of God and of the Lord Jesus Christ: Greetings to all God's people scattered over the whole world.

2 내 형제들아 너희가 여러 가지 시험을 당하거든 온전히 기쁘게 여기라

Faith and Wisdom My brothers and sisters, consider yourselves fortunate when all kinds of trials come your way,

3 이는 너희 믿음의 시련이 인내를 만들어 내는 줄 너희가 앎이라

for you know that when your faith succeeds in facing such trials, the result is the ability to endure.

4 인내를 온전히 이루라 이는 너희로 온전하고 구비하여 조금도 부족함이 없게 하려 함이라

Make sure that your endurance carries you all the way without failing, so that you may be perfect and complete, lacking nothing.

5 너희 중에 누구든지 지혜가 부족하거든 모든 사람에게 후히 주시고 꾸짖지 아니하시는 하나님께 구하라 그리하면 주시리라

But if any of you lack wisdom, you should pray to God, who will give it to you; because God gives generously and graciously to all.

6 오직 믿음으로 구하고 조금도 의심하지 말라 의심하는 자는 마치 바람에 밀려 요동하는 바다 물결 같으니

But when you pray, you must believe and not doubt at all. Whoever doubts is like a wave in the sea that is driven and blown about by the wind.

7 이런 사람은 무엇이든지 주께 얻기를 생각하지 말라

People like that, unable to make up their minds and undecided in all they do, must not think that they will receive anything from the Lord.

8 두 마음을 품어 모든 일에 정함이 없는 자로다

9 낮은 형제는 자기의 높음을 자랑하고

Poverty and Riches Those Christians who are poor must be glad when God lifts them up,

1장

1:1 흩어져 있는 열두 지파에게 문안하노라. 야고보는 박해를 피해 소아시아 각 지역으로 흩어진 믿음의 사람들에게 편지를 쓰고 있다. 예수님이 죽으시고 1년도 지나지 않아 스데반이 순교하였다. 10년 정도 지나 제자 야고보가 순교하였다. 그 즈음에 사람들은 소아시아 각지로 흩어졌고 그들에게 예루살렘 교회의 실질적 리더였던 야고보가 편지를 전하고 있다. 참된 믿음을 갖도록 격려하는 편지다.

1:2 여러 가지 시험을 당하거든. 여러 시험이 있다. 지금도 시험 중에 있지만 이후에도 시험이 있을 것이다. 시험은 항상 있다. 시험을 기쁨으로 받아들이라 말한다. 피하지 말고 누려워하시 말고 받아들이라고 말한다. **온전히 기쁘게.** '아주 기쁘게'라는 뜻이다. 기뻐하는 것도 힘든데 '아주 기쁘게' 받아들이라고 말한다. 시험을 만난 사실 때문에 '자신을 최고로 행복한 사람이라고 여기라'는 말이다. 어설프게 억지로 기뻐하지 말고 그것이 진짜 기쁜 일이기에 많이 기뻐하라고 말한다.

1:3 인내를 만들어 내는 줄 너희가 앎이라. '시험을 기뻐하라'는 것은 조금 이상하게 들릴 수 있다. 그러나 야고보는 진지하게 말하고 있다. 시험이 무슨 일을 하는지를 모르면 '시험은 나쁜 것이고 없어야 하는 것'이다. 그러나 시험이 무슨 역할을 하는지를 '알고' 그것을 기쁨으로 받아들이라는 것이다. 시험이 '인내'를 만든다. '인내'는 '적대 세력에 굴하지 않는 능동적 인내'를 말한다. 목숨의 위협에도 굴하지 않고 믿음의 타협을 하지 않는다. 결국 자신의 믿음이 목숨보다 더 소중하다는 것을 드러낸다. 인내로 드러난 믿음은 참으로 찬란한 보석이다. 시험이 만들어 내는 예기치 않은 열매를 보면서 신앙인은 시련을 더 이상 무서워하지 않고 오히려 '온전한 기쁨'으로 여길 줄 알게 된다.

10 부한 자는 자기의 낮아짐을 자랑할지니 이는 그가 풀의 꽃과 같이 지나감이라

and the rich Christians must be glad when God brings them down. For the rich will pass away like the flower of a wild plant.

11 해가 돋고 뜨거운 바람이 불어 풀을 말리면 꽃이 떨어져 그 모양의 아름다움이 없어지나니 부한 자도 그 행하는 일에 이와 같이 쇠잔하리라

The sun rises with its blazing heat and burns the plant; its flower falls off, and its beauty is destroyed. In the same way the rich will be destroyed while they go about their business.

12 시험을 참는 자는 복이 있나니 이는 시련을 견디어 낸 자가 주께서 자기를 사랑하는 자들에게 약속하신 생명의 면류관을 얻을 것이기 때문이라

Testing and Tempting Happy are those who remain faithful under trials, because when they succeed in passing such a test, they will receive as their reward the life which God has promised to those who love him.

13 사람이 시험을 받을 때에 내가 하나님께 시험을 받는다 하지 말지니 하나님은 악에게 시험을 받지도 아니하시고 친히 아무도 시험하지 아니하시느니라

If people are tempted by such trials, they must not say, "This temptation comes from God." For God cannot be tempted by evil, and he himself tempts no one.

14 오직 각 사람이 시험을 받는 것은 자기 욕심에 끌려 미혹됨이니

But people are tempted when they are drawn away and trapped by their own evil desires.

15 욕심이 잉태한즉 죄를 낳고 죄가 장성한즉 사망을 낳느니라

Then their evil desires conceive and give birth to sin; and sin, when it is full-grown, gives birth to death.

16 내 사랑하는 형제들아 속지 말라

Do not be deceived, my dear brothers and sisters!

17 온갖 좋은 은사와 온전한 선물이 다 위로부터 빛들의 아버지께로부터 내려오나니 그는 변함도 없으시고 회전하는 그림자도 없으시니라

Every good gift and every perfect present comes from heaven; it comes down from God, the Creator of the heavenly lights, who does not change or cause darkness by turning.

1:4 온전하고 구비하여 조금도 부족함이 없게 하려 함이라. '시험을 기쁨으로 여기라' 는 말은 여전히 많은 사람에게 어려운 말일 수 있다. 그러나 그들은 진짜 신앙, 성 숙한 신앙에 대해 관심이 없기 때문이다. 온전한 신앙에 관심이 있는 사람은 시험 을 피하지 않는다. 불굴의 정신으로 시련을 이겨야 한다. 인내하면서 이겨야 한다. 그렇게 이겨야 '온전'해진다. 우리의 믿음이 온전해진다. 가짜가 아니라 진짜가 된 다.

야고보서는 진짜 믿음이기 위해 행함을 강조하여 말하는 성경이다. 행함 중에서 대 표적인 것이 '시험을 이기는 것'이다. 진짜 믿음이 되기 위해서는 시험을 이기는 믿 음, 극복하는 믿음이어야 한다. 죽음의 위협을 이기고, 경제적 어려움을 이겨야 한 다. '이긴다'는 것은 그것을 두려워하지 않고 기뻐할 줄 아는 것이다. 세상의 것을 중요하게 여기면 두려울 것이다. 그러나 '진짜 믿음'을 중요하게 여기기에 오히려 시험이 믿음의 훈련이 되고 믿음이 드러날 중요한 기회로 여기며 기뻐하는 것이 이 기는 길이 된다.

1:5 지혜. 이 구절을 기도에 대한 오해로 많이 사용한다. 세상의 지식을 구하는 것 으로 생각하기도 한다. 그러나 이 구절은 시험에 대한 이야기 속에서 보아야 한다. '시험을 만나 매우 기뻐하는 것'이 여전히 이상하게 보일 수 있다. 시험은 주로 무 엇인가를 잃는 것이다. 돈을 잃고, 건강을 잃고, 자존심이 매우 상하였을 수도 있다. 기분이 상한 상태와 기뻐하는 상태의 차이를 어떻게 극복할 수 있을까? '지혜'는 하 나님의 뜻을 아는 것이다. 하나님의 마음을 아는 것이다. 말씀을 통해 '시험은 우리 의 믿음을 온전하게 하는 것이기 때문에 즐거워해야 한다'는 것을 알게 되었다. 그 런데 마음이 기뻐하지를 못한다. 바로 그때 비밀 병기가 있다. **지혜가 부족하거든 모 든 사람에게 후히 주시고 꾸짖지 아니하시는 하나님께 구하라.** 시험을 통해 하나님께서 이루어 가시는 믿음의 열매를 더 깨달을 수 있도록 기도하라는 것이다. 시험을 통 해 어설픈 믿음을 진짜 되게 하시는 하나님의 마음을 자신 도 동일하게 가질 수 있

18 그가 그 피조물 중에 우리로 한 첫 열매가 되게 하시려고 자기의 뜻을 따라 진리의 말씀으로 우리를 낳으셨느니라

By his own will he brought us into being through the word of truth, so that we should have first place among all his creatures.

19 내 사랑하는 형제들아 너희가 알지니 사람마다 듣기는 속히 하고 말하기는 더디 하며 성내기도 더디 하라

Faith and Wisdom My brothers and sisters, consider yourselves fortunate when all kinds of trials come your way,

20 사람이 성내는 것이 하나님의 의를 이루지 못함이라

Human anger does not achieve God's righteous purpose.

21 그러므로 모든 더러운 것과 넘치는 악을 내버리고 너희 영혼을 능히 구원할 바 마음에 심어진 말씀을 온유함으로 받으라

So get rid of every filthy habit and all wicked conduct. Submit to God and accept the word that he plants in your hearts, which is able to save you.

22 너희는 말씀을 행하는 자가 되고 듣기만 하여 자신을 속이는 자가 되지 말라

Do not deceive yourselves by just listening to his word; instead, put it into practice.

23 누구든지 말씀을 듣고 행하지 아니하면 그는 거울로 자기의 생긴 얼굴을 보는 사람과 같아서

Whoever listens to the word but does not put it into practice is like a man who looks in a mirror and sees himself as he is.

24 제 자신을 보고 가서 그 모습이 어떠했는지를 곧 잊어버리거니와

He takes a good look at himself and then goes away and at once forgets what he looks like.

25 자유롭게 하는 온전한 율법을 들여다보고 있는 자는 듣고 잊어버리는 자가 아니요 실천하는 자니 이 사람은 그 행하는 일에 복을 받으리라

But those who look closely into the perfect law that sets people free, who keep on paying attention to it and do not simply listen and then forget it, but put it into practice—they will be blessed by God in what they do.

도록 기도하라는 것이다. 그러면 하나님께서 지혜를 주셔서 깨닫게 하시고 그런 마음을 가지게 하실 것이다.

1:6 믿음으로 구하고 조금도 의심하지 말라. 이 구절도 기도에 대해 가르칠 때 오해하여 사용하는 구절이다. 이것은 '무엇이든 기도하면 그것을 하나님께서 들어주실 것이라는 것을 의심하지 말라'는 말이 아니다. 이것은 '시험이 가져온 어려움과 진짜 믿음이 되는 것 사이에 무엇이 중요한지'에 대해 확실히 구분하고 '믿음이 중요하다'는 확신에서 흔들리지 말라는 말이다.

1:8 두 마음. '두 마음을 품은 자'가 되면 안 된다. 하나님을 사랑하고 재물도 사랑하는 두 마음은 결코 시험을 이길 수 없다. 무엇이 옳은 것이며 무엇이 복된 것인지를 분명히 해야 한다. 오직 하나님을 사랑하고 믿음의 열매를 맺는 확고한 목적을 가지고 시험을 대해야 한다. 그러면 시련을 극복할 수 있다. 기뻐할 수 있다.

1:9 낮은 형제...높음을 자랑. 세상에서 재정적인 시험 때문에 가난해진 사람이 있을 수 있다. 때로는 정직하게 사업하는 것이 큰 손해가 될 수 있다. 사업이 망할 수도 있다. 그렇게 가난해진 사람이거나 세상에서 부자가 될 기회조차 없었던 사람도 있다. 그렇게 가난한 신앙인들이 있다. 가난하다 하여 낙심하지 말아야 한다. '자기의 높음을 자랑하고'라고 말한다. 하나님께서 자신을 얼마나 높이셨는지를 알아야 한다. 그래서 사람들이 보는 낮음이 아니라 하나님께서 보시는 높음으로 자신을 볼 줄 알아야 한다. 그러면 재정적으로 낮아지는 시험을 두려워하지 않는다.

1:10 부한 자는...낮아짐을 자랑. 부한 자는 세상이 높이 여긴다. 아부하고 존경한다고 말한다. 그러나 그러한 것에 속지 말아야 한다. 사람들이 나를 이렇게 말한다고 자랑하지 말아야 한다. 그는 낮추어야 한다. 낮은 자리에 가는 것을 자랑해야 한다.

26 누구든지 스스로 경건하다 생각하며 자기 혀를 재갈 물리지 아니하고 자기 마음을 속이면 이 사람의 경건은 헛것이라

Do any of you think you are religious? If you do not control your tongue, your religion is worthless and you deceive yourselves.

27 하나님 아버지 앞에서 정결하고 더러움이 없는 경건은 곧 고아와 과부를 그 환난중에 돌보고 또 자기를 지켜 세속에 물들지 아니하는 그것이니라

What God the Father considers to be pure and genuine religion is this: to take care of orphans and widows in their suffering and to keep oneself from being corrupted by the world.

세상이 말하는 높은 자리가 아니라 오직 하나님께서 높이시는 자리에 있어야 하기 때문이다. 그러면 당연히 재정적인 시험에 굴하지 않을 수 있다. 잃어도 기뻐할 수 있다. **풀의 꽃과 같이 지나감이라.** 악한 영이 무엇을 가지고 사람들을 위협하며 시험하는 지를 보라. 사람들이 잃을까 봐 벌벌 떠는 것을 보라. 그러한 것은 풀의 꽃이다. 분명 당시에는 좋아 보인다. 그러나 지나고 나면 다 시들고 마는 아무 의미 없는 것이다.

시험을 만나 가짜 믿음으로 드러나는 사람이 많다. 아직 기회는 있다. 다시 진짜로 만들 시간이 있다. 다시 진짜로 만들어서 다시 시험을 만나 진짜 믿음임이 드러나게 하라. 그렇게 '다시'를 기다리는 사람에게는 시험을 만나면 진짜 매우 기뻐할 것이다. '내가 드디어 나의 믿음이 진짜라고 드러낼 시간이 되었다'고 생각하며 기뻐할 것이다. 옛날에 실패하였던 그 상황에서 이제는 믿음을 드러낼 수 있으니 기쁠 것이다. 그렇게 시험의 때를 기다리는 사람이 되어야 한다. 진짜 믿음을 위해서. 이러한 모든 것은 오직 믿음이 중요한 사람에게 그렇다. 믿음이 중요하지 않은 사람에게는 시험이라는 것은 늘 귀찮은 것이고 무서운 것이다. 그래서 늘 시험을 피해 다니고 시험을 만나면 그냥 벌벌 긴다. 시험에 푹 빠진다. 헤어나오지 못한다. 믿음이 중요하다. 그래서 진짜 믿음으로 훈련되는 것이 중요하다. 어떤 대가를 치르고라도 진짜 믿음이 만들어지고 드러나는 것이 좋다. 시험을 큰 행운이라고 여기고 기뻐하라.

1:12 시험을 참는 자는 복이 있나니. 신앙인이 되었기에 시험을 당한다. '시험을 당한다' 생각하면 힘든 것만 생각하기 쉽다. 그러나 신앙인은 시험 때문에 힘든 것보다 복된 것이 더 많다. '참는다'는 것은 시험이라는 어려움이 있어도 '진리를 포기하지 않고 계속 그 길을 가는 것'을 말한다. 정직하게 살면 위험스러울 때가 있다. 사랑하면서 살고 싶은데 미운 행동을 하는 사람을 보면 사랑하고 싶은 마음이 떨어져 시험이 된다. 그러나 그럼에도 불구하고 여전히 정직하고 여전히 사랑하는 것이 바로

'시험을 참는 것'이다. **생명의 면류관.** '생명'이라는 면류관을 의미한다. 이러한 종말론적 소망을 가져야 한다. 때로는 시험에서 잃어버리는 것이 너무 많아서 인내하기 힘들 수 있다. 어떻게 해서라도 빨리 빠져나가고 싶은 유혹이 생길 수 있다. 그러나 종말론적 소망을 가지고 있으면 그런 유혹을 이길 수 있다. 이 땅에서 시험을 이기기 위해 손해보는 것은 결코 손해로 끝나지 않는다. 결산의 때에 큰 상이 있을 것이다. 무엇보다 생명을 얻을 수 있다. 시험을 당하면 많이 힘들다. 진리 때문에 돈을 잃는 것일 수도 있고, 속에서 부글부글 끓어오르는 감정 소비가 있을 수도 있다. 그러나 그것 때문에 거짓을 행하고 미워하는 마음을 갖게 되면 그것은 가장 중요한 것을 잃는 것이다. 시험 때문에 무엇인가를 잃어야만 하는 상황이 되었을 때 그 잃어버림이 자신에게 손해가 아니라 이익이 된다는 것을 조금 더 분명히 기억해야 한다. 믿음과 진리를 지키기 위해 잃어버린 것이 있다면 그것은 고스란히 '생명의 면류관'으로 이어진다.

1:13 하나님께 시험을 받는다 하지 말지니. 하나님께서 아브라함을 시험하셨다. 그렇다면 여기에서 '하나님께서 시험하지 않으신다'는 것은 무엇을 의미할까? '시험하지 않으신다'는 것은 하나님께서 거짓을 행할 마음을 주지 않으신다는 뜻이다. 또한 '파괴적이지 않으시다'는 것도 포함한다. 욥이 건강을 잃고 사람들을 잃을 때 사탄이 파괴하였다. 하나님께서 허락하셨지만 직접 시험한 이는 사탄이다. 시험을 만나 악한 생각을 하거나 거짓을 행하는 것은 결코 하나님께서 주시는 마음이 아니다. 어떤 거짓도 합리화하지 말아야 한다.

1:15 욕심이 잉태한즉 죄를 낳고. 시험을 만나 악한 생각이 들면 빨리 그것을 끊어야 한다. 미워하는 마음은 악한 것이기에 그러한 마음이 들면 빨리 끊어야 한다. 그것을 놔두면 잉태된 것과 같아 결국 죄로 이끌어갈 것이다. 시험을 만났을 때 진리에 거스르는 것이 있으면 빨리 차단하라. 악한 것은 하나님께서 주시는 생각이 아니다.

1:17 **온갖 좋은 은사와 온전한 선물이 다 위로부터...오나니.** 하나님은 오직 좋은 것을 주신다. 하나님은 철저히 좋으시고 거룩하신 분이다. 우리를 향하여 선한 것을 계획하고 우리에게 좋은 생각을 주고 선한 길로 인도하신다. 그러기에 하나님과 동행하고자 한다면 시험을 만났을 때 철저히 더 선해야 하며 진리를 따라가야 한다. 그렇게 시험을 만나 철저히 진리의 말씀을 따라가는 사람이 시험을 이기는 사람이다. 시험을 이기면 시험을 이기지 못한 사람과 많이 다르다. 시험을 이긴 사람은 참으로 복된 사람이다.

신앙인이 걸어가야 하는 길에 대해 말한다.

1:19 **듣기는 속히 하고 말하기는 더디 하며 성내기도 더디 하라.** 가장 안 좋은 경우는 '빠르게 성내는 말'이다. 누군가를 책망하는 것은 내 안에 화가 있기 때문이다. 그런 경우에는 일단 템포를 늦추어야 한다. 화내는 문자나 말은 할 수만 있으면 늦게 보내고 할 수만 있으면 하지 않는 것이 좋다. 화내는 말은 결코 선한 것을 이룰 수 없다.

1:21 **마음에 심어진 말씀을 온유함으로 받으라.** 화내는 것은 많은 경우 교만할 때 그러하다. 우리는 우리 가슴에 심겨진 말씀으로 잘 살펴야 한다. 말씀으로 겸손히 돌아보라. 겸손히 멈추고 또 멈추어야 한다.

1:22 **말씀을 행하는 자가 되고.** 신앙인이 되어 말씀을 듣게 되는데 듣는 것만으로 멈추면 안 된다. 우리는 열심히 말씀을 들어야 하며 듣고 깨달은 것을 열심히 행해야 한다. 말씀을 듣는 것은 그것이 생명이라는 것을 알기 때문이다. 생명의 것을 알았는데 어찌 행하지 않겠는가? 행하지 않는 것은 스스로를 속이는 것이다.

1:25 자유롭게 하는 온전한 율법. 말씀이 우리를 자유롭게 한다. 우리를 거짓에서 풀어준다. 그러기에 억지로 하는 것이 아니라 '듣고 잊어버리는 자가 아니요 실천하는 자'가 되어야 한다. 보물섬에 갔다 온 사람이 어찌 그 길을 잊어버릴까? 말씀을 바로 알고 따라가서 진리 안에서 자유로운 사람이 되어야 한다. 그러면 '그 행하는 일에 복을 받으리라'고 말하는 것처럼 복 있는 사람이 되는 것이다. 신앙인은 이러한 복을 누리는 사람이다.

1:26 경건하다 생각하며 자기 혀를 재갈 물리지 아니하고...경건은 헛것이라. 사람들이 자기 멋대로 말하는 경우가 많다. 신앙인이 말을 할 때는 하나님께서 말씀하시는 것처럼 해야 한다. 그래서 하나님 나라에 유익을 끼치는 말이 되어야 한다. 사람을 사랑하는 말이 되고, 힘을 주는 말이 되고, 교회에 유익이 되는 말을 해야 한다. 자기 생각이라고 아무 말이나 하며 다른 사람에게 상처주는 아무 말 잔치를 하면 안 된다. 말은 중요한 행위다. 늘 좋은 말을 골라 하라.

1:27 하나님 아버지 앞에서...경건은 곧 고아와 과부를 그 환난중에 돌보고. 고아와 과부는 연약한 사람을 지칭하는 대명사다. 모든 사람이 존귀한데 그들은 사회에서 존귀하게 대접받지 못한다. 그러니 그들을 하나님의 마음으로 존귀하게 여기며 돕는 것이 하나님 앞에서의 경건이요 믿음이다. **자기를 지켜 세속에 물들지 아니하는 그것.** 세상의 일에 정신이 없어 결국 믿음의 길을 갈 시간이 없는 사람이 있다. 성경에서는 거짓이지만 세상에서는 자연스러운 '죄'가 있다. 그러한 것에 물들지 않아야 한다. 오직 말씀을 실천하는 사람이 복된 사람이다. 말씀을 실천하는 하나하나가 모두 영원한 복으로 그 사람에게 남는다.

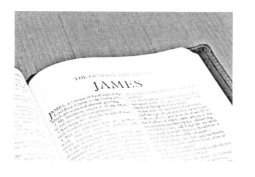

1 내 형제들아 영광의 주 곧 우리 주 예수 그리스도에 대한 믿음을 너희가 가졌으니 사람을 차별하여 대하지 말라

Warning against Prejudice My brothers and sisters, as believers in our Lord Jesus Christ, the Lord of glory, you must never treat people in different ways according to their outward appearance.

2 만일 너희 회당에 금 가락지를 끼고 아름다운 옷을 입은 사람이 들어오고 또 남루한 옷을 입은 가난한 사람이 들어올 때에

Suppose a rich man wearing a gold ring and fine clothes comes to your meeting, and a poor man in ragged clothes also comes.

3 너희가 아름다운 옷을 입은 자를 눈여겨 보고 말하되 여기 좋은 자리에 앉으소서 하고 또 가난한 자에게 말하되 너는 거기 서 있든지 내 발등상 아래에 앉으라 하면

If you show more respect to the well-dressed man and say to him, "Have this best seat here," but say to the poor man, "Stand over there, or sit here on the floor by my feet,"

4 너희끼리 서로 차별하며 악한 생각으로 판단하는 자가 되는 것이 아니냐

then you are guilty of creating distinctions among yourselves and of making judgements based on evil motives.

5 내 사랑하는 형제들아 들을지어다 하나님이 세상에서 가난한 자를 택하사 믿음에 부요하게 하시고 또 자기를 사랑하는 자들에게 약속하신 나라를 상속으로 받게 하지 아니하셨느냐

Listen, my dear brothers and sisters! God chose the poor people of this world to be rich in faith and to possess the kingdom which he promised to those who love him.

6 너희는 도리어 가난한 자를 업신여겼도다 부자는 너희를 억압하며 법정으로 끌고 가지 아니하느냐

But you dishonour the poor! Who are the ones who oppress you and drag you before the judges? The rich!

7 그들은 너희에게 대하여 일컫는 바 그 아름다운 이름을 비방하지 아니하느냐

They are the ones who speak evil of that good name which has been given to you.

2장

1장에서 진짜 믿음을 가진 사람은 '시험을 극복하고 더 나아가 시험을 오히려 크게 기뻐하기'까지 해야 하는 것을 말하였다. 2장에서는 차별하지 않는 것이 작은 일이지만 바로 그 일에서 진짜 믿음을 증명하라고 말한다.

2:1 예수 그리스도에 대한 믿음을 너희가 가졌으니 사람을 차별하여 대하지 말라. 믿음을 가진 사람은 사람을 차별하면 안 된다고 말씀한다. '차별하다'를 직역하면 '얼굴로 취하다'이다. 외적 조건으로 사람을 판단하고 다르게 대하는 것을 의미한다.

2:2 회당. 보통은 유대인 회당에 사용히는 단어이지만 가정에서 보이는 기독교 예배당이나 다른 모임에도 이 단어를 사용하였다.

2:3 아름다운 옷...가난한 자. 교인들이 모여 있는 곳에 '아름다운 옷을 입은 부자'와 '가난한 자'가 왔을 때 그들을 차별 대우하는 것에 대한 말씀이다. 야고보는 예루살렘에 살고 있기 때문에 실제 다른 지역에서 그런 일이 일어나고 있는지는 잘 모를 것이다. 그런데 마치 경험한 이야기처럼 말한다. 어쩌면 전해 들은 이야기일 수 있다. 매우 사소한 문제처럼 보일 수 있다. 그러나 그것은 중요한 문제였다. 그래서 야고보는 '진짜 믿음'이라는 것을 증명하는 것으로서 시험이라는 아주 큰 문제에 이어 바로 차별에 대해 이야기한다.

물론 차별과 분별은 구분해야 한다. 나는 동성애자를 결코 차별하지 않고 다른 사람과 동일하게 대할 것이다. 그러나 동성의 결혼 주례를 요청받으면 하지 않을 것이다. 어떤 사람이라도 예배당에 오는 것을 환영하지만 걸인이 구걸을 목적으로 냄새를 풍기면서 참석하는 것은 환영하지 않을 것이다. 예배를 방해하기 때문이다. 때로는 차별과 분별을 구분하는 것이 어렵다. 차별하지 않기 위해서는 어떤 사람이라

8 너희가 만일 성경에 기록된 대로 네 이웃 사랑하기를 네 몸과 같이 하라 하신 최고의 법을 지키면 잘하는 것이거니와

You will be doing the right thing if you obey the law of the Kingdom, which is found in the scripture, "Love your neighbour as you love yourself."

9 만일 너희가 사람을 차별하여 대하면 죄를 짓는 것이니 율법이 너희를 범법자로 정죄하리라

But if you treat people according to their outward appearance, you are guilty of sin, and the Law condemns you as a lawbreaker.

10 누구든지 온 율법을 지키다가 그 하나를 범하면 모두 범한 자가 되나니

Whoever breaks one commandment is guilty of breaking them all.

11 간음하지 말라 하신 이가 또한 살인하지 말라 하셨은즉 네가 비록 간음하지 아니하여도 살인하면 율법을 범한 자가 되느니라

For the same one who said, "Do not commit adultery," also said, "Do not commit murder." Even if you do not commit adultery, you have become a lawbreaker if you commit murder.

12 너희는 자유의 율법대로 심판 받을 자처럼 말도 하고 행하기도 하라

Speak and act as people who will be judged by the law that sets us free.

13 긍휼을 행하지 아니하는 자에게는 긍휼 없는 심판이 있으리라 긍휼은 심판을 이기고 자랑하느니라

For God will not show mercy when he judges the person who has not been merciful; but mercy triumphs over judgement.

14 내 형제들아 만일 사람이 믿음이 있노라 하고 행함이 없으면 무슨 유익이 있으리요 그 믿음이 능히 자기를 구원하겠느냐

Faith and Actions My brothers and sisters, what good is it for people to say that they have faith if their actions do not prove it? Can that faith save them?

15 만일 형제나 자매가 헐벗고 일용할 양식이 없는데

Suppose there are brothers or sisters who need clothes and don't have enough to eat.

16 너희 중에 누구든지 그에게 이르되 평안히 가라, 덥게 하라, 배부르게 하라 하며 그 몸에 쓸 것을 주지 아니하면 무슨 유익이 있으리요

What good is there in your saying to them, "God bless you! Keep warm and eat well!"—if you don't give them the necessities of life?

도 근본적으로 귀한 사람이라는 인식을 가져야 한다. 분별이라고 말하지만 실제로는 차별이 되지 않도록 조심해야 한다.

2:6 부자는 너희를 억압하며 법정으로 끌고 가지 아니하느냐. 이것을 통해 볼 때 편지의 수신자인 기독교인들이 대부분 '가난한 사람'이었던 것으로 보인다. 그럴 수밖에 없는 것이 당시에 기독교인이 된다는 것은 예루살렘에서는 적극적인 반대에 직면하여 경제적으로 소외된 자가 되었을 것이다. 편지의 수신자들은 소아시아 각 지역으로 쫓겨난 사람이다. 그들은 그 곳에서도 주로 가난한 사람들이었을 것이다. 기독교인이 이방 지역에서 부자가 되는 것은 매우 어려운 일이다. 가난하였기에 소작농 같은 것을 하였을 것이고 수확물이 없을 때는 소작료를 제대로 주지 못하여 부자들이 그들을 '법정으로 끌고 가는' 일이 자주 있었던 것으로 보인다. 자신들도 그렇게 가난하여 고통과 차별을 받아 놓고 자신들이 다른 가난한 자를 차별하는 것은 참으로 어리석은 모습이다. 과부가 과부 사정을 이해해야 하는데 '아는 사람이 더 무섭다'고 가난한 사람이 가난한 사람 사정을 생각하지 않고 오히려 부자에게 비굴하며 자신보다 조금이라도 더 가난한 사람을 더 차별하는 비열한 근성을 책망하는 것이다.

2:7 아름다운 이름을 비방하지 아니하느냐. 부자들이 그리스도를 믿는 사람들을 가난하다고 조롱하는 것에 대한 이야기다. 그렇게 조롱받으면서도 여전히 부자를 높은 사람처럼 여기고 가난한 사람을 차별하는 것은 참으로 어리석은 모습이다. 차별 대우하는 것을 주변에서도 쉽게 볼 수 있다. 그것이 참 뿌리 깊은 거지 근성인 것 같다. 부자에게 줄을 서면 콩고물이라도 얻어먹을 수 있을 것 같은 마음을 가지는 것 같다. 그러나 그들은 결코 그렇게 베푸는 사람들이 아니다.
부자에게 줄을 서느라 가난한 자들을 무시한 죄가 결코 가볍지 않다. 우리는 우리 안의 뿌리 깊은 차별하는 마음을 경계해야 한다. 교회 안에서의 차별을 더욱 심각

17 이와 같이 행함이 없는 믿음은 그 자체가 죽은 것이라

So it is with faith: if it is alone and includes no actions, then it is dead.

18 어떤 사람은 말하기를 너는 믿음이 있고 나는 행함이 있으니 행함이 없는 네 믿음을 내게 보이라 나는 행함으로 내 믿음을 네게 보이리라 하리라

But someone will say, "One person has faith, another has actions." My answer is, "Show me how anyone can have faith without actions. I will show you my faith by my actions."

19 네가 하나님은 한 분이신 줄을 믿느냐 잘하는도다 귀신들도 믿고 떠느니라

Do you believe that there is only one God? Good! The demons also believe—and tremble with fear.

20 아아 허탄한 사람아 행함이 없는 믿음이 헛것인 줄을 알고자 하느냐

You fool! Do you want to be shown that faith without actions is useless?

21 우리 조상 아브라함이 그 아들 이삭을 제단에 바칠 때에 행함으로 의롭다 하심을 받은 것이 아니냐

How was our ancestor Abraham put right with God? It was through his actions, when he offered his son Isaac on the altar.

22 네가 보거니와 믿음이 그의 행함과 함께 일하고 행함으로 믿음이 온전하게 되었느니라

Can't you see? His faith and his actions worked together; his faith was made perfect through his actions.

23 이에 성경에 이른 바 아브라함이 하나님을 믿으니 이것을 의로 여기셨다는 말씀이 이루어졌고 그는 하나님의 벗이라 칭함을 받았나니

And the scripture came true that said, "Abraham believed God, and because of his faith God accepted him as righteous." And so Abraham was called God's friend.

24 이로 보건대 사람이 행함으로 의롭다 하심을 받고 믿음으로만은 아니니라

You see, then, that it is by people's actions that they are put right with God, and not by their faith alone.

하게 여겨야 한다.

2:8 최고의 법. 직역하면 '왕의 법'이다. 이것을 '최고의 법'이라고 번역한 것은 이것이 '이웃 사랑'을 의미하는 것으로 해석한 것이다. 그렇게 해석할 수도 있지만 그것보다는 '왕의 법'은 모든 말씀(구약)을 의미하는 것으로 보인다. 이웃 사랑은 말씀의 일부분으로서 그것 또한 왕의 법에 속한 것이다.

2:9 사람을 차별하여 대하면 죄를 짓는 것이니. 부자만 이웃인 것이 아니다. 우리 이웃에는 가난한 사람도 있다. 차별하면 온전한 이웃 사랑이 될 수 없다. 그래서 차별하면 죄를 범하는 것이다.

2:10 하나를 범하면 모두 범한 자가 되나니. 모든 말씀은 본질적으로 하나다. 하나님으로부터 나온 것이다. 말씀 중에 겉으로는 큰 계명이 있고 작은 계명이 있는 것 같다. 그러나 작은 계명이라 하여도 그것을 어기면 말씀을 어긴 것이다. 하나님을 거역한 것이다. 그러기에 차별하는 일이 사람을 죽이는 것이나 폭력을 행하는 것처럼 중한 죄가 아니어도 여전히 죄다. 그러기에 다른 모든 죄처럼 이것도 경계해야 하고 조심해야 한다.

2:12 자유의 율법대로 심판 받을 자처럼 말도 하고. 말씀을 '자유의 율법'이라고 말한다. 야고보서는 말씀에 여러 별명을 붙여주고 있다. 율법의 완성을 모르고 복음 이전의 의식만 말할 때 율법은 부정적인 의미를 갖는다. 갈라디아서에 그런 경우에 대한 책망이 많다. 그런데 야고보서에서는 율법의 완성을 자연스럽게 받아들이고 율법의 긍정적인 것을 말한다. 그래서 율법에 대한 다양한 별명이 나오고 그것은 율법에 대한 바른 지식을 전해준다. '자유의 율법'은 율법이 사람들에게

25 또 이와 같이 기생 라합이 사자들을 접대하여 다른 길로 나가게 할 때에 행함으로 의롭다 하심을 받은 것이 아니냐

It was the same with the prostitute Rahab. She was put right with God through her actions, by welcoming the Israelite spies and helping them to escape by a different road.

26 영혼 없는 몸이 죽은 것 같이 행함이 없는 믿음은 죽은 것이니라

So then, as the body without the spirit is dead, so also faith without actions is dead.

자유를 준다는 것을 의미한다. 복음 없는 율법이 아니라 복음으로 완성된 율법은 죄에서 자유를 준다. 바르게 해석된 모든 말씀은 모든 사람의 심판의 기준이다. 그러기에 작은 율법이라고 '차별'하는 것은 말씀을 어기는 것이라는 심각성을 가져야 한다. '차별하지 말라'는 말씀을 따라 차별하지 말아야 한다.

2:13 긍휼. 차별은 보통 자신보다 못하다고 생각하는 사람을 향한 차별이다. 그러나 정말 못난 사람이라 할지라도 그들을 향하여 '긍휼'의 마음을 가져야 한다. 세상에서 가난하게 산다는 것은 차별을 받아야 할 이유가 아니라 긍휼을 받아야 하는 이유이다. **긍휼을 행하지 아니하는 자에게는 긍휼 없는 심판이 있으리라.** 내가 긍휼을 베풀어야 나도 긍휼히 여김을 받는다. 그러기에 세상에서 조금 낮은 사람이라고 결코 차별하지 말아야 한다. 모든 사람은 하나님 앞에 존귀하다. **긍휼은 심판을 이기고 자랑하느니라.** 심판이 '검사'라면 긍휼은 '변호사'가 되어 우리를 보호할 것이다. 그런데 여기에서 긍휼은 내가 베푼 긍휼이다. 내가 베풀지 않은 긍휼은 내가 받지 못한다. 어떤 사람도 하나님의 긍휼이 없이는 심판에서 정당하다 평가받지 못할 것이다. 오직 하나님의 긍휼로 우리는 심판에서 구원을 얻게 된다. 그러기에 오늘 내가 베푸는 긍휼이 매우 중요하다. 심판의 때에 하나님의 긍휼을 얻기 위해서라도 오늘 내가 다른 사람을 긍휼히 여김으로 쌓아야 한다.

믿음은 매우 실제적인 것이다. 야고보는 앞에서 믿음에 있어 큰 부분인 시험을 이기는 것과 작은 부분인 차별하지 않는 것에 대해 말하였다. 이제 야고보는 크든 작든 그러한 것을 행함이 믿음에 있어 얼마나 중요한지를 말한다.

2:14 믿음이 있노라 하고 행함이 없으면 무슨 유익이 있으리요. 믿음이 있다고 말하나 행함이 없으면 가짜 믿음이라는 말이다. 믿음이 있다고 말하면서 시험을 만나 계속 넘어지기만 하고 넘어지면서도 경각심이 없다면 믿음이 없는 것이다. **그 믿음이 능**

히 자기를 구원하겠느냐. 믿음이 있다 하면서 차별을 당연하듯이 행하고 있으면 차별이 문제가 아니라 믿음 자체가 문제다. 작은 문제 같지만 그것은 믿음 자체의 문제다. 구원의 문제다. 가짜 믿음이다.

2:17 행함이 없는 믿음은...죽은 것이라. 이것을 명심해야 한다. 그런데 많은 사람이 행함이 없으면서도 죽은 믿음이라고 생각하지 않는다. 그것은 '오직 믿음으로'를 오해하기 때문이다. 우리는 오직 믿음으로 구원을 얻는다. 그런데 행함이 없으면 믿음이 아니다. 구원에 이르는 진짜 믿음이 아니라 가짜 믿음이다. 그러기에 '오직 믿음으로'를 말하고자 한다면 행하는 믿음이어야 한다.

2:18 어떤 사람은...너는 믿음이 있고 나는 행함이 있으니. 믿음과 행함을 나누는 사람이다. '어떤 사람은 믿음이 있는 것이고 어떤 사람은 행함이 있는 것이다. 그러니 서로 뭐라 비난하지 마라'라고 말한다. 그러나 그것은 답이 아니다. '나는 행함으로 내 믿음을 네게 보이리라'고 말한다. 믿음과 행함은 나눌 수 있는 것이 아니다. 만약 하나가 없으면 서로 온전할 수 없다. 행함 없는 믿음도, 믿음 없는 행함도 가짜다. 오직 행함 있는 믿음이어야 한다.

2:19 귀신들도 믿고 떠느니라. 믿음을 오직 '지적 동의' 정도로만 생각하는 사람에게 강력하게 반박한다. 악령도 하나님이 한 분이신 줄을 안다. 창조주인 것을 믿는다. 단지 하나님의 말씀을 따라 살지 않을 뿐이다. 그러기에 '믿는다'하면서 행하지 않는 사람이 믿음이 있다고 말하면 대단하게 여길 것이 아니다. 그것은 마귀만큼의 믿음에 불과하다. 행함 없는 믿음에 대해 모든 신앙인이 강력하게 경고를 받았으면 좋겠다. 믿음은 하나님을 왕으로 받아들여 왕의 뜻에 따라 사는 것인데 어찌 행함이 없을 수 있겠는가? 오늘날 신앙인들이 행함이 없다면 그것은 행함이 없는 것이 아니라 믿음이 없는 것이다.

성경, 이해하며 읽기 **일반서신**

2:21 아브라함이 그 아들 이삭을 제단에 바칠 때에 행함으로 의롭다 하심을 받은 것이 아니냐. '행함이 없는 믿음이 가짜'라는 사실을 말하기 위해 성경의 인물 아브라함을 예로 들어 설명하고 있다. 믿음의 조상이라 불리는 아브라함은 아들 이삭을 바치는 놀라운 행함이 있었다. 그의 행함을 보고 하나님께서 '내가 보았다(여호와 이레)'라고 말씀하셨다.

2:22 믿음이 그의 행함과 함께 일하고. 모든 믿음은 행함과 함께 일한다. 십자가의 강도가 행함이 없었다. 그러나 그에게 시간이 없었기 때문에 그런 것일 뿐 그가 더 살았다면 분명히 행함이 있는 믿음이었을 것이다. 모든 진실한 믿음은 행함과 함께 일하기 때문이다. **행함으로 믿음이 온전하게 되었느니라.** 만약 행함이 없다면 믿음은 온전한 것이 아니다. 행함을 보고 그의 믿음이 온전한 믿음이라는 것이 증명된다. 진짜 믿음이라는 것이 증명된다.

2:24 행함으로 의롭다 하심을 받고 믿음으로만은 아니니라. '믿음으로만은 아니니라'고 말한다. '행하지 않고 믿음만 있으면 된다'는 말은 가짜 믿음을 주장하는 것이다. 행함은 믿음의 본질에 속한다. '믿음이 있다' 생각되면 행함이 동반되는지를 잘 살펴야 한다. 자신의 믿음이 행함이 없다면 아직 믿음이 아니다.

2:26 영혼 없는 몸이 죽은 것 같이. 이번에는 행함이 없는 믿음을 '영혼 없는 몸'으로 비유한다. 영혼 없는 몸이 어찌 살아 있는 사람이라 할 수 있을까? 행함이 없는 믿음은 결코 산 믿음이 아니다. 죽은 믿음이다. 가짜 믿음이다. 가짜 믿음인 사람을 보고 시험에 드는 사람이 있다. 믿음에 대해 생각하고 말하려 한다면 가짜 믿음을 보고 말해야 할까, 진짜 믿음을 보고 말해야 할까? 가짜 믿음을 보고 믿음에 대해 말하지 말라. 목사나 장로라도 행함이 없으면 가짜 믿음이다. 가짜 믿음을 가진 사람을 보고 믿음에 실망하지 말라. 진짜 믿음을 보고 도전 받아야 한다.

1 내 형제들아 너희는 선생된 우리가 더 큰 심판을 받을 줄 알고 선생이 많이 되지 말라

The Tongue My brothers and sisters, not many of you should become teachers. As you know, we teachers will be judged with greater strictness than others.

2 우리가 다 실수가 많으니 만일 말에 실수가 없는 자라면 곧 온전한 사람이라 능히 온 몸도 굴레 씌우리라

All of us often make mistakes. But if a person never makes a mistake in what he says, he is perfect and is also able to control his whole being.

3 우리가 말들의 입에 재갈 물리는 것은 우리에게 순종하게 하려고 그 온 몸을 제어하는 것이라

We put a bit into the mouth of a horse to make it obey us, and we are able to make it go where we want.

4 또 배를 보라 그렇게 크고 광풍에 밀려가는 것들을 지극히 작은 키로써 사공의 뜻대로 운행하나니

Or think of a ship: big as it is and driven by such strong winds, it can be steered by a very small rudder, and it goes wherever the pilot wants it to go.

5 이와 같이 혀도 작은 지체로되 큰 것을 자랑하도다 보라 얼마나 작은 불이 얼마나 많은 나무를 태우는가

So it is with the tongue: small as it is, it can boast about great things. Just think how large a forest can be set on fire by a tiny flame!

6 혀는 곧 불이요 불의의 세계라 혀는 우리 지체 중에서 온 몸을 더럽히고 삶의 수레바퀴를 불사르나니 그 사르는 것이 지옥 불에서 나느니라

And the tongue is like a fire. It is a world of wrong, occupying its place in our bodies and spreading evil through our whole being. It sets on fire the entire course of our existence with the fire that comes to it from hell itself.

7 여러 종류의 짐승과 새와 벌레와 바다의 생물은 다 사람이 길들일 수 있고 길들여 왔거니와

Human beings can tame and have tamed all other creatures—wild animals and birds, reptiles and fish.

8 여러 종류의 짐승과 새와 벌레와 바다의 생물은 다 사람이 길들일 수 있고 길들여 왔거니와

But no one has ever been able to tame the tongue. It is evil and uncontrollable, full of deadly poison.

3장

믿음의 사람이 해야 하는 말과 마음의 제어에 대해 말한다.

3:1 선생된 우리가 더 큰 심판을 받을 줄 알고. 이 당시 선생은 매우 존경받는 사람들이었고 교회에서도 중요하였다. 사람들이 예수님을 랍비(선생)라고 부를 때가 많았다. 그런데 그렇게 중요한 선생이 자신에게 큰 위험이 있으니 선생은 많은 말을 해야 한다는 사실이다. 그래서 위험했다. 말이 얼마나 위험한지를 단적으로 보여준다.

3:2 우리가 다 실수가 많으니. 말에 실수가 없는 사람이 없을 것이다. 야고보는 말에 있어 보편적 실수를 말하면서 그래서 더욱더 조심해야 함을 말한다. 모든 사람이 말의 실수가 있다고 자신의 말 실수를 쉽게 넘겨서는 안 된다. 말의 실수가 보편적이기 때문에 더욱더 조심하고 또 조심해야 한다.

3:5 혀도 작은 지체로되 큰 것을 자랑하도다. 5절은 앞뒤를 연결한다. 먼저 3-4절과 관련하여 말한다. '말'이 몸에서 차지하는 부분이나 인생에서 차지하는 부분이 작은 것 같으나 매우 크게 영향을 미치는 것에 대한 이야기다. 말의 재갈이나 배의 키(운전대)는 작지만 나머지 전체를 제어하는 역할을 한다. 학교에 들어갈 때 말을 잘해야 하는 것도 아니고 '말' 시험을 치르는 경우도 없다. 그러나 말은 배의 키처럼 그 사람의 인생의 방향을 결정지을 것이다. **작은 불이 얼마나 많은 나무를 태우는가.** 이 구절은 말에 대한 후반부(6절)와 연결된다. 말의 파괴성에 대한 이야기다. 작은 불씨 하나가 산 전체를 태우는 것처럼 작은 말 하나가 전체를 태운다. 인생을 태우고 교회를 태운다. 단지 말뿐인데 그렇게 된다.

3:6 온 몸을 더럽히고 삶의 수레바퀴를 불사르나니 그 사르는 것이 지옥 불에서 나느니

9 이것으로 우리가 주 아버지를 찬송하고 또 이것으로 하나님의 형상대로 지음을 받은 사람을 저주하나니

We use it to give thanks to our Lord and Father and also to curse other people, who are created in the likeness of God.

10 한 입에서 찬송과 저주가 나오는도다 내 형제들아 이것이 마땅하지 아니하니라

Words of thanksgiving and cursing pour out from the same mouth. My brothers and sisters, this should not happen!

11 샘이 한 구멍으로 어찌 단 물과 쓴 물을 내겠느냐

No spring of water pours out sweet water and bitter water from the same opening.

12 내 형제들아 어찌 무화과나무가 감람 열매를, 포도나무가 무화과를 맺겠느냐 이와 같이 짠 물이 단 물을 내지 못하느니라

A fig tree, my brothers and sisters, cannot bear olives; a grapevine cannot bear figs, nor can a salty spring produce sweet water.

13 너희 중에 지혜와 총명이 있는 자가 누구냐 그는 선행으로 말미암아 지혜의 온유함으로 그 행함을 보일지니라

The Wisdom from Above Are there people among you who are wise and understanding? They are to prove it by their good lives, by their good deeds performed with humility and wisdom.

14 그러나 너희 마음 속에 독한 시기와 다툼이 있으면 자랑하지 말라 진리를 거슬러 거짓말하지 말라

But if in your heart you are jealous, bitter, and selfish, don't sin against the truth by boasting of your wisdom.

15 이러한 지혜는 위로부터 내려온 것이 아니요 땅 위의 것이요 정욕의 것이요 귀신의 것이니

Such wisdom does not come down from heaven; it belongs to the world, it is unspiritual and demonic.

16 시기와 다툼이 있는 곳에는 혼란과 모든 악한 일이 있음이라

Where there is jealousy and selfishness, there is also disorder and every kind of evil.

라. '말'이 얼마나 많은 것을 파괴하는지를 알고 아파해야 한다. 자신의 말 훈련을 위해 기도하고 또 기도해야 한다.

3:8 혀는 능히 길들일 사람이 없나니. 믿음이 평생 자라가야 하듯이 혀의 제어도 그렇다. 한 번에 되는 것이 아니다. 말 실수 때문에 아파했던 적이 있는가? 아파해야 한다. 아파하며 고쳐야 한다. 힘들어도 계속 고쳐야 한다. 교회나 주변에서 밉게 말하는 사람들이 있다. 너무 훈련을 하지 않는다. 쉽게 '교회에 안 나온다'는 말을 한다. 말할 때마다 독화살 같은 말을 한다. 능히 제어할 수는 없으나 조금씩은 제어할 수 있다. 계속 제어 기술이 늘어나야 한다.

3:9 하나님의 형상대로 지음을 받은 사람을 저주하나니. 말에서 가장 중요한 것은 미워하는 말을 하지 않는 것이다. 모든 사람은 존귀하다. 그러니 사랑하는 말을 해야 한다. 사랑하는 말을 하는 사람이 사랑스럽다. 많은 사람을 살린다. 미워하는 말을 하지 않는 것은 말 훈련만이 아니라 신앙 훈련이기도 하다. 사랑하는 말을 많이 해야 믿음이 있는 것이다.

3:13 지혜의 온유함으로 그 행함을 보일지니라. 13절부터는 마음제어에 대한 말씀이다. 지혜의 마음을 가졌으면 '온유'해야 한다. 사납지 말고 온유함으로 사람들을 대하라는 말이다.

3:14 마음 속에 독한 시기와 다툼. '다툼'은 '경쟁심' '이기적 야심'으로 번역해도 된다. 나는 이 모든 것의 근본을 '이기주의'라고 생각한다. 사람들의 마음이 이기주의로 가득하여 사나움으로 나타난다. 교만하다. 진리를 거스르는 것에 대해 쉽게 생각하고 오직 자신의 이익만 추구하는 이기심을 채우는 것만 관심가지고 있다.

17 오직 위로부터 난 지혜는 첫째 성결하고 다음에 화평하고 관용하고 양순하며 긍휼과 선한 열매가 가득하고 편견과 거짓이 없나니

But the wisdom from above is pure first of all; it is also peaceful, gentle, and friendly; it is full of compassion and produces a harvest of good deeds; it is free from prejudice and hypocrisy.

18 화평하게 하는 자들은 화평으로 심어 의의 열매를 거두느니라

And goodness is the harvest that is produced from the seeds the peacemakers plant in peace.

3:15 위로부터 내려 온 것이 아니요. 이기주의 마음은 하나님이 주시는 마음이 아니다. **땅 위의 것이요 정욕의 것이요 귀신의 것이니.** 철저히 세상 나라에 속한 것이요, 물질적이고 짐승적인 것이며, 마귀적인 마음이다. 그러한 마음에 사로잡히지 말아야 한다.

3:16 혼란과 모든 악한 일이 있음이라. 사람들의 이기주의는 서로 충돌한다. 다른 사람이 잘 되는 것을 보아도 배가 아프다. 악한 일을 주저하지 않는다. 그래서 혼란이 가득하다. 악함이 가득하다.

3:17 8가지 마음(지혜)이 나온다. 성령의 9가지 열매와 매우 비슷하다. 위로부터의 지혜의 마음은 성령이 주시는 마음이다. 세상적인 마음을 버리고 위로부터 오는 마음을 가져야 한다.

3:18 화평. 8가지 마음 중에 '화평'을 다시 말하며 강조하고 있다. 세상적인 마음인 이기주의가 충돌과 혼란을 가져온다면 하나님으로부터 오는 마음인 화평은 서로를 인정하고 존중하기에 화평을 낳는다. 믿음을 가진 사람은 행동하는 믿음이 되기 위해 자신의 마음을 먼저 제어해야 한다. 8가지 마음을 가져야 한다. 이기주의로 사나운 마음을 가질 것이 아니라 화평하는 마음으로 양순하며 온유한 마음을 가져야 한다. 우리는 나의 나라가 아니라 하나님 나라를 이루어 가는 사람이다. 나의 이익, 내 교회의 이익이 아니라 하나님 나라라는 공공성을 추구해야 한다. 그것이 신앙인의 행동하는 마음이다.

야고보서 4:1-17

1 너희 중에 싸움이 어디로부터 다툼이 어디로부터 나느냐 너희 지체 중에서 싸우는 정욕으로부터 나는 것이 아니냐

Friendship with the World Where do all the fights and quarrels among you come from? They come from your desires for pleasure, which are constantly fighting within you.

2 너희는 욕심을 내어도 얻지 못하여 살인하며 시기하여도 능히 취하지 못하므로 다투고 싸우는도다 너희가 얻지 못함은 구하지 아니하기 때문이요

You want things, but you cannot have them, so you are ready to kill; you strongly desire things, but you cannot get them, so you quarrel and fight. You do not have what you want because you do not ask God for it.

3 구하여도 받지 못함은 정욕으로 쓰려고 잘못 구하기 때문이라

And when you ask, you do not receive it, because your motives are bad; you ask for things to use for your own pleasures.

4 간음한 여인들아 세상과 벗된 것이 하나님과 원수 됨을 알지 못하느냐 그런즉 누구든지 세상과 벗이 되고자 하는 자는 스스로 하나님과 원수 되는 것이니라

Unfaithful people! Don't you know that to be the world's friend means to be God's enemy? People who want to be the world's friends make themselves God's enemies.

5 너희는 하나님이 우리 속에 거하게 하신 성령이 시기하기까지 사모한다 하신 말씀을 헛된 줄로 생각하느냐

Don't think that there is no truth in the scripture that says, "The spirit that God placed in us is filled with fierce desires."

6 그러나 더욱 큰 은혜를 주시나니 그러므로 일렀으되 하나님이 교만한 자를 물리치시고 겸손한 자에게 은혜를 주신다 하였느니라

But the grace that God gives is even stronger. As the scripture says, "God resists the proud, but gives grace to the humble."

7 그런즉 너희는 하나님께 복종할지어다 마귀를 대적하라 그리하면 너희를 피하리라

Human beings can tame and have tamed all other creatures—wild animals and birds, reptiles and fish.

4장

4:1 다툼이...싸우는 정욕으로부터 나는 것이 아니냐. 교회 안에 다툼이 있었다. 교인들이 서로 사랑하고 도와도 부족할 터인데 교회 안에 다툼이 있다. 그러한 다툼이 '정욕으로부터 나는 것'이라고 말한다. '정욕'에 해당하는 헬라어는 단순히 '기쁨'을 의미하는 단어다. 사람들이 자신들이 하고 싶은대로 하는 것을 말한다. 자신의 기쁨을 위해 사는 것이기 때문에 지극히 정상적인 모습 같다. 그러나 세상적인 것이기에 헛되고 거짓된 삶이다. '싸우는'은 전쟁 용어다. 전쟁 용어를 비유적으로 사용하여 자신의 기쁨을 위하여 전쟁하듯이 싸우는 모습을 그리고 있다. 그렇게 전쟁하는 삶을 살고 있다. 자신의 기쁨을 위하여 다른 사람을 미워하며 죽이듯이 살고 있다.

4:2 욕심을 내어도 얻지 못하여 살인하며. 전쟁하듯이 살고 있는데 결국 얻는 것은 없다. 열심히 살아가지만 결국 얻은 것이 없어 힘들기만 하다. 급기야는 살인까지 한다. 그렇게 힘들게 살고 있는 상황에 대해 야고보가 진단하여 말한다. **너희가 얻지 못함은 구하지 아니하기 때문이요.** '구하다'는 단어는 대상이 사람이든 하나님이든 '무엇을 요청하는 것'을 의미한다. 하나님께 요청하는 것이면 기도가 된다. 세상 사람은 하나님께 구하지 않지만 신앙인은 하나님께 구해야 한다. 신앙인은 기도해야 한다. 지금 어떤 삶을 살고 있든 마찬가지다. 우리 나라의 경우 옛날은 당장 먹고 사는 것이 힘들어서 기도하였다. 절박하게 기도하였다. 다른 길이 없는 것 같으니 기도하였다. 그런데 지금은 많이들 기도하지 않는다. 기복신앙 같아서 기도하지 않기도 하는데 그것은 잘못이다. 기복신앙인 것 같으면 그것을 고쳐야지 기도를 그치면 안 된다. 우리는 연약하다. 절대적으로 기도가 필요하다. 하나님께 요청하라. 끊임없이 요청하며 살아라.

8 하나님을 가까이하라 그리하면 너희를 가까이하시리라 죄인들아 손을 깨끗이 하라 두 마음을 품은 자들아 마음을 성결하게 하라

Come near to God, and he will come near to you. Wash your hands, you sinners! Purify your hearts, you hypocrites!

9 슬퍼하며 애통하며 울지어다 너희 웃음을 애통으로, 너희 즐거움을 근심으로 바꿀지어다

Be sorrowful, cry, and weep; change your laughter into crying, your joy into gloom!

10 주 앞에서 낮추라 그리하면 주께서 너희를 높이시리라

Humble yourselves before the Lord, and he will lift you up.

11 형제들아 서로 비방하지 말라 형제를 비방하는 자나 형제를 판단하는 자는 곧 율법을 비방하고 율법을 판단하는 것이라 네가 만일 율법을 판단하면 율법의 준행자가 아니요 재판관이로다

Warning against Judging a Christian Brother Do not criticize one another, my brothers and sisters. If you criticize fellow-Christians or judge them, you criticize the Law and judge it. If you judge the Law, then you are no longer one who obeys the Law, but one who judges it.

12 입법자와 재판관은 오직 한 분이시니 능히 구원하기도 하시며 멸하기도 하시느니라 너는 누구이기에 이웃을 판단하느냐

God is the only lawgiver and judge. He alone can save and destroy. Who do you think you are, to judge someone else?

13 들으라 너희 중에 말하기를 오늘이나 내일이나 우리가 어떤 도시에 가서 거기서 일 년을 머물며 장사하여 이익을 보리라 하는 자들아

Warning against Boasting Now listen to me, you that say, "Today or tomorrow we will travel to a certain city, where we will stay a year and go into business and make a lot of money."

14 내일 일을 너희가 알지 못하는도다 너희 생명이 무엇이냐 너희는 잠깐 보이다가 없어지는 안개니라

You don't even know what your life tomorrow will be! You are like a puff of smoke, which appears for a moment and then disappears.

4:3 구하여도 받지 못함은...정욕...잘못 구하기 때문이라. 어떤 사람은 기도는 하지만 잘못 구하기 때문에 얻지 못한다. 잘못 구한다는 것은 자신의 기쁨(정욕)을 위해 구하는 경우이다. 그 기쁨이 주 안에서의 기쁨이 아니라 세상적인 기쁨에 치우치는 것이거나, 헛된 것이기 때문이다. 그러한 기쁨은 잠시는 만족스러울 수 있으나 진정한 기쁨은 되지 못하기 때문에 기도해도 얻지 못한다. 허상의 기도다. 혼잣말이다. 구할 때 가장 중요한 것은 '하나님 나라'이다. 어떻게 해야 하나님께서 이루어 가시는 하나님 나라를 알고 그것에 순종할 수 있을지를 기도해야 한다. 새로 믿음을 갖게 된 사람들의 기도를 보면 기도하는 대상만 바뀌었을 뿐 기도의 내용은 바뀌지 않은 경우가 많다. 그러나 신앙인이 되면 가치관이 바뀐다. 그래서 기도의 내용이 달라진다. 이전에는 세상 일이 기뻤으나 이제는 하나님 나라의 일이 기쁘다.

4:4 세상과 벗된 것이 하나님과 원수 됨을 알지 못하느냐. 세상과 벗이 되고 세상의 기쁨을 찾는 것이 일반 사람들에게는 자연스럽다. 그러나 신앙인에게는 그렇지 않다. 진짜 신앙을 가진 사람은 이제 세상의 벗이 아니라 하나님의 벗이 되어야 한다.

4:5 성령이 시기하기까지 사모한다. 우리 마음과 생각에 세상이 많은지 하나님이 더 많은지를 잘 생각해 보아야 한다. 여전히 세상을 가장 친한 벗처럼 살고 있는 우리의 모습을 하나님께서 시기하실 정도로 싫어하신다. 그것은 좋은 길이 아니기 때문이다. 죽음의 길이다. 신앙인은 이제 좋은 길을 찾아야 한다. 생명의 길을 찾아야 한다.

4:6 더욱 큰 은혜를 주시나니. 사람들이 세상에서 찾는 기쁨은 허상일 뿐이다. 그러한 허상 속에서 헤매지 말고 하나님께서 주시는 '더욱 큰 은혜'를 찾아야 한다. 세상 것으로 가득한 교만한 사람이 아니라 하나님 나라를 향한 가난한 겸손한 자가 되어 하늘의 은혜를 구해야 한다.

15 너희가 도리어 말하기를 주의 뜻이면 우리가 살기도 하고 이것이나 저것을 하리라 할 것이거늘

What you should say is this: "If the Lord is willing, we will live and do this or that."

16 이제도 너희가 허탄한 자랑을 하니 그러한 자랑은 다 악한 것이라

But now you are proud, and you boast; all such boasting is wrong.!

17 그러므로 사람이 선을 행할 줄 알고도 행하지 아니하면 죄니라

So then, those who do not do the good they know they should do are guilty of sin.

7절-10절은 명령형 동사 10개가 쭉 이어진다. 명령으로 가득하다.

4:7 하나님께 복종할지어다. 우리가 해야 하는 일은 하나님께 복종하는 것이다. 만물을 창조하시고 우리의 삶을 주관하시는 하나님을 바라보며 하나님의 말씀이 있음을 알고 복종해야 한다.

4:8 하나님을 가까이 하라. 하나님께 가까이 가야 한다. 하나님께 가까이하기 위해서는 말씀과 기도가 가장 필수적이다. 말씀과 기도를 가까이하면 하나님과 가까이하게 된다. 하나님께 가까이 가는 사람이 복된 사람이다. 무엇을 하든 하나님을 부르며 하나님의 지혜와 하나님의 인도하심을 요청해야 한다. 하나님 나라가 이루어지도록. **손을 깨끗이 하라...마음을 성결하게 하라.** 성전 앞에 손을 씻는 물이 있었듯이 우리는 늘 손을 깨끗이 하듯 마음을 깨끗이 해야 한다. 하나님은 성결하신 분이다. 우리가 성결하지 않으면 하나님께 가까이 갈 수 없다. 그러기에 우리는 성결해야 한다. 특별히 세상과 하나님을 동일 선상에 놓지 않도록 해야 한다. **두 마음을 품은 자.** 세상을 좋아하는 마음과 하나님을 좋아하는 마음이 왔다 갔다 하는 마음을 말한다. 하나님이 어찌 돈과 동일 선상이시겠는가? 오직 하나님을 최고로 두어야 한다. 그것이 성결이다.

4:9 너희 즐거움을 근심으로 바꿀지어다. 사람들이 세상 일로 너무 즐거워 그 안에 하나님이 들어갈 자리가 없는 사람이 많다. 우리의 마음이 하나님을 향한 갈망으로 바뀌어야 한다. 자신 안에 하나님의 자리가 없는 것을 발견하며 슬퍼하고 애통해야 한다. 하나님의 자리가 너무 작은데 어찌 웃을 수 있을까? 슬피 울며 찾아야 한다.

4:10 주 앞에서 낮추라. 이것은 자신의 한계와 빈곤과 비참함을 인식하고 오직 하나님만이 절대적으로 필요하신 분임을 인식하는 것이다. 우리는 참으로 낮은 자이다.

오직 하나님이 필요하다. 사람들은 돈을 벌어 자신의 낮음을 보충하려 한다. 어떤 사람은 많은 사람을 사귐으로 해결하려고 한다. 그러나 그러한 것이 우리의 비참함을 해결하지 못한다. 오직 하나님만이 해결한다. 이것은 신학적으로 그러함을 잘 알아야 하겠지만 지금 내 마음 속에서도 그것을 알아야 한다. 내 마음이 '하나님이 없으면 나는 없습니다'가 되어야 한다. '하나님 없으면 나 죽어요'가 되어야 한다. 그것이 주 앞에서 낮추는 것이다. **주께서 너희를 높이시리라.** 우리의 비참함을 하나님께 고백하며 하나님을 찾을 때 비참한 우리를 구원하신다. 충만한 기쁨으로 채워주신다. 세상이 주는 기쁨이 아니라 하나님께서 주시는 기쁨으로 충만하라.

4:11 형제들아 서로 비방하지 말라. 형제는 사랑해야 하는 대상이지 비방해야 하는 대상이 아니다. 비판하는 이유가 무엇일까? 비판의 가장 큰 이유 중에 하나는 자기 교만이다. 비판할 때는 자신은 잘 하고 비방의 대상자는 못한다고 생각하기 때문에 하는 것이다. 상대방이 잘못하는 것을 말하여 깎아 내리면 자신은 저절로 올라가는 것 같다. 비방할 때를 생각해 보라. 분명히 자신은 잘 하고 있는 일일 것이다. 상대방을 비난하면 그것을 잘하고 있는 자신을 높이게 된다. 그래서 비난하는 경우가 많다. 사람에게 교만은 가장 큰 죄 중에 하나이다. 칠 대 죄 중에서도 첫번째에 위치한다. 교만은 우리가 스스로 알지 못하는 중에 매우 큰 역할을 한다. 비방하는 일에도 교만이 큰 역할을 한다. 다른 것은 다 못하면서 그것 하나 자신이 잘하는 것이 있으면 그것을 드러내기 위해 비방하는 것이다. 때로는 제일 못하는 사람이 제일 많이 비방한다. 다른 것을 다 못하고 그것 하나 잘 하는 것 있으니 어떻게 해서든 그것을 자랑하려고 더 많이 비방한다. 비방을 일삼는 모습은 가짜 신앙인의 모습이다. **형제를 비방하는 자나 형제를 판단하는 자는 곧 율법을 비방하고 율법을 판단하는 것이라.** 비방이 율법과 연결되는 이유는 형제를 비방하면 '형제를 사랑하라'는 율법을 어기는 것이기 때문이다. '비방하는 것'은 사랑하라는 율법이 잘못되어 있다고 말하는 것이나 마찬가지이기 때문이다. 말씀은 우리에게 분명히 형제를 사랑하라고

말한다. 사랑한다는 것은 많은 경우 형제의 부족한 부분을 채워주는 것이다. 부부가 사랑하는 것도 서로의 부족한 부분을 채워주는 것처럼 형제도 서로 부족한 부분을 채워주는 것이 사랑이다.

비방에 대해 나는 '판단은 하되 말은 하지 마라'고 말한다. 무엇이 옳고 그른 것인지 판단해야 한다. 그러나 그것을 '말'이 걸러주어야 한다. 말로 하지 말고 생각만 해야 한다. 그래서 그 사람이 잘못하는 것을 내가 채워주어야 한다. 야고보의 편지를 받는 사람들은 극심한 시련의 시대를 살아가는 사람들이었다. 그들에게 필요한 것은 비방이 아니라 사랑이다. 그들이 못하는 것이 보이면 내가 그것을 채워주어야 한다. 사실 내가 못하는 것을 다른 사람들이 채워주고 있다. 형제는 그렇게 서로 못하는 부분을 채워주는 사람들이어야 한다. 그것을 비난하는 것은 못난 형제의 모습이다.

4:12 입법자와 재판관은 오직 한 분이시니. 하나님은 '우리가 누구를 왜 비방하지 않았는지'를 가지고 심판하지 않으신다. '내가 무엇을 왜 하지 않았는지'를 가지고 심판하신다. 우리가 판단하는 것은 사실 그리 정확하지 않다. 그러니 정확하지 않은 것으로 남의 마음을 아프게 하지 말라. 심판은 하나님께 맡기고 내가 할 수 있는 채워주는 역할을 해야 한다.

4:13 어떤 도시에 가서...장사하여 이익을 보리라 하는 자들아. 야고보가 들은 말인 것 같다. 장사하기 위해 다른 도시로 가는 것은 진취적인 자세다. 좋은 모습일 수 있다. 그러나 그것이 허파에 바람이 든 모습으로 자랑하기 위해 하는 말이면 다르다.

4:14 너희는 잠깐 보이다가 없어지는 안개니라. 자랑하는 것으로 부풀려진 마음이 터지는 것은 순간이다. 안개 같이 짧은 인생을 무엇인가를 자랑하기 위해 살면서 낭비하기에는 인생이 너무 존귀하다. 누군가는 돈을 가지고 자랑하고 또 누군가는 다

른 것으로 자랑한다. 그런데 그렇게 자랑할 정도로 갖기 위해 얼마나 많이 수고할까? 돈 벌기가 쉽지 않다. 명품 가방 사기가 쉽지 않다. 좋은 자동차 사기가 쉽지 않다. 그리고 그것을 가지고 자랑하고 나면 또 다른 것으로 자랑해야 한다. 그것을 가지기 위해서 또 더 많은 수고를 해야 한다. 그러니 자랑하는 것에 맛 들인 사람은 헛된 것에 인생을 낭비하고 말 것이다.

4:15 주의 뜻이면 우리가 살기도 하고 이것이나 저것을 하리라 할 것이거늘. '주의 뜻'을 따라 살아가야 한다. '자랑'이 아니라 '주의 뜻'을 좇아 주의 뜻이면 아무리 빛이 안 나는 일도 해야 한다. 주의 뜻을 좇아 사는 것이 인생의 전부가 되어야 한다. 주의 뜻을 좇아 살면 세상에서는 그리 빛나지 않을 것이다. 그러나 주 앞에는 찬란하게 빛날 것이다. 신앙인은 그것을 믿는다. 가짜 신앙인은 자랑거리를 찾아 살 것이요 진짜 신앙인은 주의 뜻을 좇아 살아간다.

4:16 허탄한 자랑...악한 것이라. 허탄한 자랑을 위해 허탄한 것에 자신의 삶을 낭비하는 것이기에 악하다. 허탄한 자랑에 속지 말아야 한다. 신앙인은 이 세상의 허탄한 자랑이 아니라 하나님 나라의 영광을 볼 수 있어야 한다. 그것을 마음 속으로 자랑스럽게 생각해야 한다.

4:17 선을 행할 줄 알고도 행하지 아니하면 죄니라. 죄는 '금지하는 것'을 '행하는 것'만 아니라 '행하라'고 말씀하신 것을 '하지 않는 것'도 포함한다. '하나님의 뜻'은 기록된 말씀에만 있는 것이 아니다. 우리 각자를 향한 선하신 뜻을 가지고 계신다. 우리는 그것을 위해 살아야 한다. 늘 우리를 향한 하나님의 뜻이 무엇인지를 생각하면서 살아야 한다. 헛된 자랑 때문에 인생과 자원을 낭비하지 말고 하나님의 뜻을 행하는 일로 인생을 채워가라.

성경, 이해하며 읽기 **일반서신**

1 들으라 부한 자들아 너희에게 임할 고생으로 말미암아 울고 통곡하라

Warning to the Rich And now, you rich people, listen to me! Weep and wail over the miseries that are coming upon you!

2 너희 재물은 썩었고 너희 옷은 좀먹었으며

Your riches have rotted away, and your clothes have been eaten by moths.

3 너희 금과 은은 녹이 슬었으니 이 녹이 너희에게 증거가 되며 불 같이 너희 살을 먹으리라 너희가 말세에 재물을 쌓았도다

Your gold and silver are covered with rust, and this rust will be a witness against you and will eat up your flesh like fire. You have piled up riches in these last days.

4 보라 너희 밭에서 추수한 품꾼에게 주지 아니한 삯이 소리 지르며 그 추수한 자의 우는 소리가 만군의 주의 귀에 들렸느니라

You have not paid any wages to those who work in your fields. Listen to their complaints! The cries of those who gather in your crops have reached the ears of God, the Lord Almighty.

5 너희가 땅에서 사치하고 방종하여 살륙의 날에 너희 마음을 살찌게 하였도다

Your life here on earth has been full of luxury and pleasure. You have made yourselves fat for the day of slaughter.

6 너희는 의인을 정죄하고 죽였으나 그는 너희에게 대항하지 아니하였느니라

You have condemned and murdered innocent people, and they do not resist you.

7 그러므로 형제들아 주께서 강림하시기까지 길이 참으라 보라 농부가 땅에서 나는 귀한 열매를 바라고 길이 참아 이른 비와 늦은 비를 기다리나니

Patience and Prayer Be patient, then, my brothers and sisters, until the Lord comes. See how patient a farmer is as he waits for his land to produce precious crops. He waits patiently for the autumn and spring rains.

8 너희도 길이 참고 마음을 굳건하게 하라 주의 강림이 가까우니라

You also must be patient. Keep your hopes high, for the day of the Lord's coming is near.

9 형제들아 서로 원망하지 말라 그리하여야 심판을 면하리라 보라 심판주가 문 밖에 서 계시니라

Do not complain against one another, my brothers and sisters, so that God will not judge you. The Judge is near, ready to appear.

5장

5:1 들으라 부한 자들아 너희에게 임할 고생으로 말미암아 울고 통곡하라. 아주 대범하고 놀라운 선언이다. 부자는 복된 사람이다. 그런데 야고보는 '비참한(고생) 자'라고 말한다. '울고 통곡해야 한다'고 말한다. 문제는 '임할 고생'이라는 사실이다. 그것이 미래의 일이기에 지금 당장 보이지 않는다. 그래서 부자들은 자신의 부를 자랑하고 기뻐하였다. 그러나 야고보는 미래를 보면서 그들이 참으로 비참하기에 울고 통곡해야 한다고 말한다. 야고보가 말하는 '부자'는 교회에 다니는 사람일까, 안 다니는 사람일까? 야고보가 말하는 것을 보면 회개촉구가 아니다. 단지 그들의 비참한 미래에 대해 말한다. 그렇다면 그들은 신앙인이 아니다. 그런데 교회에 다니지 않는 사람들은 야고보의 글을 읽지도 않을 것이다. 그러기에 교회는 다니는 사람인데 신앙인이 아닌 사람들을 대상으로 하는 것 같다. 곧 가짜 믿음을 가진 사람들이다.

5:3 너희 금과 은은 녹이 슬었으니. 금과 은은 녹스는 금속이 아니다. 그렇게 세상 사람들은 결코 녹슬지 않을 것이라고 생각하지만 이후에 심판의 때에 알게 될 것이다. 그것이 얼마나 녹슬어서 사용하지 못하게 될 것인지. **녹이 너희에게 증거가 되며 불 같이 너희 살을 먹으리라.** 그들이 사용하지 않고 쌓아 둔 금과 은은 그들의 악행에 대한 증거가 되고 그들을 멸망하게 하는 장물이 될 것이다. **말세에 재물을 쌓았도다.** 말세는 '주님의 승천과 재림 사이 기간'을 말한다. 주님의 초림 전에는 오셔서 대속하는 사건이 있어야 하는 시대가 남았었다. 그러나 승천하신 후에는 언제든지 다시 오셔서 심판하실 것이다. 그래서 종말시대라고 말한다. 마지막 시대라는 것이다. 이 시대는 '교회 시대'이기도 하다. 우리가 교회를 다니고 있다는 것은 종말시대를 살아가고 있다는 것을 의미한다. 교회를 다니고 있으면서도 말세를 생각하지 않는 사람들이 많다. 참으로 안타까운 일이다. 말세는 야고보 시대에나 우리 시대에나 거

10 형제들아 주의 이름으로 말한 선지자들을 고난과 오래 참음의 본으로 삼으라

My brothers and sisters, remember the prophets who spoke in the name of the Lord. Take them as examples of patient endurance under suffering.

11 보라 인내하는 자를 우리가 복되다 하나니 너희가 욥의 인내를 들었고 주께서 주신 결말을 보았거니와 주는 가장 자비하시고 긍휼히 여기시는 이시니라

We call them happy because they endured. You have heard of Job's patience, and you know how the Lord provided for him in the end. For the Lord is full of mercy and compassion.

12 내 형제들아 무엇보다도 맹세하지 말지니 하늘로나 땅으로나 아무 다른 것으로도 맹세하지 말고 오직 너희가 그렇다고 생각하는 것은 그렇다 하고 아니라고 생각하는 것은 아니라 하여 정죄 받음을 면하라

Above all, my brothers and sisters, do not use an oath when you make a promise. Do not swear by heaven or by earth or by anything else. Say only "Yes" when you mean yes, and "No" when you mean no, and then you will not come under God's judgement..

13 너희 중에 고난 당하는 자가 있느냐 그는 기도할 것이요 즐거워하는 자가 있느냐 그는 찬송할지니라

Are any of you in trouble? You should pray. Are any of you happy? You should sing praises.

14 너희 중에 병든 자가 있느냐 그는 교회의 장로들을 청할 것이요 그들은 주의 이름으로 기름을 바르며 그를 위하여 기도할지니라

Are any of you ill? You should send for the church elders, who will pray for them and rub olive oil on them in the name of the Lord.

15 믿음의 기도는 병든 자를 구원하리니 주께서 그를 일으키시리라 혹시 죄를 범하였을지라도 사하심을 받으리라

This prayer made in faith will heal the sick; the Lord will restore them to health, and the sins they have committed will be forgiven.

16 그러므로 너희 죄를 서로 고백하며 병이 낫기를 위하여 서로 기도하라 의인의 간구는 역사하는 힘이 큼이니라

So then, confess your sins to one another and pray for one another, so that you will be healed. The prayer of a good person has a powerful effect.

의 동일하다. 그 당시에도 그 글을 쓰고 있는 그 날 주님이 오실 수 있었고 지금도 지금 이 순간에 오실 수 있다. 말세이기 때문에 언제 오셔도 전혀 이상하지 않다. 언제든 오실 수 있다. 오실 것이다.

5:5 살륙의 날에 너희 마음을 살찌게 하였도다. 부자들이 돈으로 자신의 사치와 자신의 향락을 위해 멋대로 살고 있다. 그것은 '마음을 살찌게'한 것이다. '살륙의 날' 곧 심판의 날 그들은 도륙될 것이다. 그들이 세상에서 그렇게 죄 지으며 멋대로 살았던 것은 모두 도륙의 재료가 될 것이다.

5:7 주께서 강림하시기까지 길이 참으라. 이 땅에서는 가짜 신앙인이 더 당당할 것이다. 가진 돈과 힘이 있기 때문이다. 그러한 세상에서 진짜 신앙인이 해야 하는 것은 참는 것이다. 가짜를 따라가지 말아야 한다. '주의 강림하시기까지' 참아야 한다. 모든 진실은 예수님께서 다시 오실 때에 드러날 것이다. 이 땅에서는 끝까지 드러나지 않을지 모른다. 가짜 신앙인이 모든 부귀와 존경을 다 받고 죽을 때까지 편안할 수 있다. 진짜 신앙인은 죽을 때까지 힘들 수 있다. 그러나 예수님이 재림하실 때 모든 것이 드러난다. 그러니 그때까지 참아야 한다.

5:8 마음을 굳건하게 하라. 잘못하면 세상의 가짜 신앙인의 길에 우리도 현혹될 수 있다. **주의 강림이 가까우니라.** 주님의 재림이 가깝다. 그리고 멀어보았자 자신이 죽을 때 까지다. 우리가 죽으면 주의 강림이 얼마나 빨리 다가오는지를 알게 될 것이다. 이 땅에서의 인내가 얼마나 짧은 것인지를 알게 될 것이다. 주의 재림을 기다리지 않는 사람들이 있다. 그것은 '인내'하지 않기 때문이다. 세상의 거짓과 가짜 믿음에 대항하며 진짜 신앙을 위해 사는 사람은 인내하며 빨리 주님이 강림하시기를 원한다. 진리의 길을 가는 것이 힘들지만 인내하며 기다린다. 기다리지 않는 사람들에게 주님의 재림은 더 빨리 올 것이다. 도적 같이 올 것이다. 기다리는 사람에게

17 엘리야는 우리와 성정이 같은 사람이로되 그가 비가 오지 않기를 간절히 기도한즉 삼 년 육 개월 동안 땅에 비가 오지 아니하고

Elijah was the same kind of person as we are. He prayed earnestly that there would be no rain, and no rain fell on the land for three and a half years.

18 다시 기도하니 하늘이 비를 주고 땅이 열매를 맺었느니라

Once again he prayed, and the sky poured out its rain and the earth produced its crops.

19 내 형제들아 너희 중에 미혹되어 진리를 떠난 자를 누가 돌아서게 하면

My brothers and sisters, if any of you wander away from the truth and another one brings them back again,

20 너희가 알 것은 죄인을 미혹된 길에서 돌아서게 하는 자가 그의 영혼을 사망에서 구원할 것이며 허다한 죄를 덮을 것임이라

remember this: whoever turns a sinner back from his or her wrong way will save that sinner's soul from death and bring about the forgiveness of many sins.

는 조금 더 길게 느껴질 수 있다. 그러나 걱정하지 마라. 주의 재림이 매우 가깝다. 더욱 가까이 다가오고 있다. 최소한 우리 인생이 마침을 향하여 다가가고 있는데 그것은 주님의 재림에 가까워지는 것이다.

5:9 형제들아 서로 원망하지 말라. 세상을 보면 원망이 나온다. 그러나 하늘을 보면서 원망하지 말라. '원망'은 불평하며 낙담하는 말이다. 진리를 따라가도 되는 것이 없으니 그것 때문에 서로를 탓하며 원망하기도 한다. 탄식하며 실패자의 언어로 가득하다. 그러나 신앙인은 승리자다. 실패자의 언어가 아니라 승리자의 언어로 세상에게 말할 수 있어야 한다. 서로에게 말할 수 있어야 한다. 우리의 원망은 누군가를 낙심하게 만들 것이다. 우리의 격려는 누군가를 다시 세워준다. 신앙인은 주님 다시 오실 때 승리자로 서게 될 것이다. 주님 오실 때 진짜 신앙인은 찬란하게 빛날 것이다. 그러니 지금 가짜 신앙이 승리하여도 그것 때문에 원망하거나 불평할 필요가 없다. 그들을 탓할 필요도 없다. 중요한 것은 내 안에서부터 진짜 신앙을 위해 길을 가는 것이다. 야고보 때 신앙인은 지극히 소수였다. 그러나 그들은 야고보서를 통해 더욱 승리자의 언어를 배우게 된 것 같다. 그래서 시련의 시대를 지나 복음 확장의 시대를 열게 된다.

5:11 보라 인내하는 자를 우리가 복되다 하나니. '인내'는 진짜 신앙의 길을 가는 과정을 말한다. 진짜 신앙의 길을 가는 것이 여러모로 힘들 것이다. 내가 수고해야 하고, 먼저 섬겨야 하며, 날마다 자신을 쳐 복종시키는 과정이 필요하다. **욥의 인내를 들었고 주께서 주신 결말을 보았거니와.** 욥은 끝내 원망하지 않았다. 이해되지 않아도 끝내 진짜 믿음의 길을 갔다. 우리도 끝내 진짜 믿음의 길을 가야 한다. 주께서 우리에게 이 땅에서 작은 열매라도 맺게 하실지는 잘 모른다. 대부분은 아마 그것을 맛보게 될 것이다. 그런데 가장 큰 것은 주님 재림하실 때 분명한 결말을 보게 될 것이다. 진짜 믿음이 찬란하게 빛나는 것을 보게 될 것이다.

지금은 구원의 시대다. 그래서 이것저것 아픔도 겪는다. 그러한 아픔을 겪어야 더 빨리 구원을 더 잘 이루어 갈 수 있기 때문이다. 아무 일도 없으면 자신의 신앙의 상태도 모르고 믿음의 실력을 키우지도 못하고 끝날 것이다. 그래서 별의별 일이 다 있는 것이다. 그러한 일을 겪을 때 믿음을 붙잡으라. 진짜 믿음이 되게 하라. 시련을 만나도 믿음으로, 보통의 사람을 차별하지 않는 일에도 믿음으로, 일상의 말과 마음도 믿음으로, 세상이 아닌 하나님과 친밀해야 하는 것도 믿음으로, 교만하지 않는 것도 믿음으로 살아야 한다. 믿음으로 살지 않으면 믿음이 아니다. 오늘 우리에게 주어진 인생을 믿음으로 살아서 진짜 믿음이 되어야 한다. 믿음의 인생이 되어야 한다.

5:13 고난...기도...즐거워하는...찬송. '찬송'은 '곡조 있는 기도'다. 그러기에 고난을 당하든 즐거운 일이 있든 늘 기도하라는 말씀이다. 상황에 맞는 기도가 필요하다. 어떤 상황이든 그곳에서 가장 필요한 것은 기도다. 어떤 사람은 고난의 때에는 기도를 잘 하는데 즐거운 때는 기도하지 않는 사람이 있고, 어떤 사람은 즐거운 일에는 기도하는데 고난의 때에는 기도하지 않는 사람이 있다. 어느 경우이든 잘못이다. 우리는 어떤 상황이든 기도해야 한다. 그 상황에서 하나님의 뜻을 잘 분별하도록 기도해야 한다. 하나님의 뜻에 맞는 선택을 하도록 기도해야 한다.

5:14 병든 자가 있느냐...기도할지니라. 병든 자가 있을 때도 기도해야 한다. 오늘날에는 병든 자가 있으면 약국이나 병원에 간다. 과거에는 약국도 병원도 없었기 때문에 주로 주술사에게 갔다. 말씀은 기도하라 말한다. 이것이 주술사에게 가지 말라는 것은 확실하다. 그러나 병원에 가지 마라는 것은 아니다. **주의 이름으로 기름을 바르며.** '기름을 바르는 행위'는 당시 아픔의 경감 등 치료의 목적을 가지고 많이 행하는 방법이었다. 야고보는 치료와 전혀 상관없는 이상한 행동을 말하지 않았다. 당시 주술사들이 말하는 방법을 보면 기이한 방법들이 꽝장히 많았다. 야고보가 말하

는 올리브 기름을 바르는 것과 같은 행위는 최소한의 치료 목적을 가지고 있다. 그래서 오늘날 치료의 구체적인 방법들의 사용은 방법이 있기만 하면 좋은 것이다. 그것을 추천한다 할 수 있다. '기름'을 바르며 기도하라 할 때 주된 강조점은 '주의 이름으로'이다. 병이 낫든 낫지 않든 중요한 것은 주의 이름으로 기도하는 것이다. 병든 자에게 병이 낫는다고 그의 영혼에 유익한 것이 아니다. 낫지 않는다고 유익한 것도 아니다. 주의 이름으로 기도하는 것이 가장 유익하다. 이것을 명심하고 병들었을 때 병이 낫든 낫지 않든 가장 중요한 것은 주의 이름으로 기도하는 것이다.

5:15 믿음의 기도는 병든 자를 구원하리니. 진짜 믿음의 사람은 '믿음의 기도'를 한다. 그러면 전능하신 하나님께서 병든 자에게 가장 적합하고 합당한 일을 행하신다. 의사의 손을 통해서 치료하기도 하시고 기도할 때 낫게 하기도 하시다. **혹시 죄를 범하였을지라도 사하심을 받으리라.** 병에 걸렸을 때 믿음의 기도가 중요한 진짜 이유다. 의사의 손길은 결코 병든 자의 죄를 사할 수 없다. 병이 나아도 죄를 가지고 있으면 결코 좋은 일이 아니다. 근원적인 치료가 아니다. 그러나 믿음의 기도는 몸의 치료만이 아니라 죄에서의 깨끗함을 낳기 때문에 참으로 중요하다. 모든 병이 죄 때문이라고 생각하는 것은 잘못이다. 그러나 모든 병이 타락 때문이며 따라서 근원적으로는 죄와 관련되어 있다. 병든 자가 되었을 때 죄를 돌아보며 겸손해지며 기도하는 것은 매우 중요하다.

5:16 병이 낫기를 위하여 서로 기도하라 의인의 간구는 역사하는 힘이 큼이니라. '서로 기도하라'고 말한다. 누군가 더 뛰어난 사람이 기도하는 것이 아니라 서로 기도하는 것이다. '장로를 청하는 것'도 병 고치는 은사가 있는 장로를 청하는 것이 아니다. 주의 이름으로 일하는 교회의 지도자를 청하는 것이다. '의인'은 특별한 사람을 말하는 것이 아니라 진짜 믿음을 가진 사람을 의미한다. 병이 낫기 위해 병 고치는 은사를 가진 사람을 찾는 것은 어리석은 일이다. 병고치는 은사는 의사가 가지고 있

다. 의사를 찾아야 한다. 신앙인은 누구든지 서로 기도하는 것이 중요하다. 누가 기도하든 진짜 신앙을 가진 사람은 '역사하는 힘이 크다'라고 말한다.

5:17 우리와 성정이 같은 사람이로되. 엘리야가 위대한 선지자이기 때문에 그의 기도가 특별했던 것이 아니다. 그는 보통 사람이었다. 하나님께서 그의 믿음에 응답하신 것이지 그의 특별함이 일을 한 것이 아니다.

5:20 그의 영혼을 사망에서 구원할 것이며. 믿음은 육체의 부분이나 일시적인 것이 아니라 우리의 전부를 상징하는 '영혼'을 구한다. 가짜 믿음은 우리의 영혼을 구하는 것이 아니라 체면이나 즐거움이나 편함 등을 줄 것이다. 외적이고 임시적인 것들이다. 오직 진짜 믿음이 우리의 영혼을 구한다. **사망에서 구원할 것이며.** 사망에서 구한다. 영원한 사망이란 영원한 지옥을 의미한다. 영원한 지옥에서 영원한 생명으로 곧 천국으로 구한다. 그러니 이것이 얼마나 위대하고 놀라운 일인가? 진짜 믿음은 그렇게 강력하다. 이 세상에서 가장 위대한 일이다. 그러니 진짜 믿음을 갖기 위해 모든 것을 다해야 하지 않겠는가? **허다한 죄를 덮을 것임이라.** '죄'는 불신앙 가운데 있던 사람의 죄를 의미할 수도 있고 아니면 불신앙의 사람을 돌이키게 만든 전도한 사람의 죄를 의미할 수도 있다. 놀라운 것은 복음이 커다란 죄를 덮는다는 사실이다. 그러기에 불신앙 가운데 있는 사람을 위해서, 자신을 위해서도 복음을 전하는 것이 얼마나 중요한지를 알 수 있다. 죄로 인하여 영원한 멸망의 길을 가는 오늘날 시대에 우리는 힘을 다해 복음을 전해야 한다. 교회에 다니다 멈춘 사람을 위해서도 다시 복음을 전해야만 하며 복음을 아예 알지 못하는 사람을 위해서도 복음을 전해야 한다. 가짜 믿음에 시험든 사람들에게 진짜 믿음을 전해야 한다.
죄는 사람에게 가장 큰 문제다. 영원한 지옥에 이르게 하는 가장 큰 문제다. 세상의 작은 문제들 때문에 가짜 믿음을 가지곤 한다. 그러나 우리는 가장 큰 문제인 죄를 보아야 한다. 죄를 보는 사람은 진짜 믿음을 가질 수밖에 없다. 고난의 때, 즐거운 때, 병든 때 가짜 믿음에 속기 쉽다. 진짜 믿음으로 기도해야 한다. 가짜 믿음으로 교회에서 멀어진 사람을 위해서도 진짜 믿음으로 다시 찾아가야 한다. 진짜 믿음은 이 세상에서 가장 소중하다. 진짜 믿음을 가지고 사는 사람은 힘이 있고 행복하다.

베드로전서

1.시대
베드로는 60년대 초반에 베드로전서를 기록하였다. 로마 대화재(64년) 이후 네로는 대박해를 시작하였으며 그 기간에 베드로후서를 쓴 이후 로마에서 순교하였다.

2.베드로전서 특징
베드로전서는 성경 전체에서 고난에 대해 가장 많이 말한 성경이다. 시편에서도 고난을 많이 말하지만 단어 총량으로 생각하면 베드로전서가 앞도적으로 많이 사용한다. 고난을 당하고 있는 소아시아 지역의 교회 상황이 많이 반영된 것 같다.

성경, 이해하며 읽기 **일반서신**

1 예수 그리스도의 사도 베드로는 본도, 갈라디아, 갑바도기아, 아시아와 비두니아에 흩어진 나그네

From Peter, apostle of Jesus Christ—To God's chosen people who live as refugees scattered throughout the provinces of Pontus, Galatia, Cappadocia, Asia, and Bithynia.

2 곧 하나님 아버지의 미리 아심을 따라 성령이 거룩하게 하심으로 순종함과 예수 그리스도의 피 뿌림을 얻기 위하여 택하심을 받은 자들에게 편지하노니 은혜와 평강이 너희에게 더욱 많을지어다

You were chosen according to the purpose of God the Father and were made a holy people by his Spirit, to obey Jesus Christ and be purified by his blood. May grace and peace be yours in full measure.

3 우리 주 예수 그리스도의 아버지 하나님을 찬송하리로다 그의 많으신 긍휼대로 예수 그리스도를 죽은 자 가운데서 부활하게 하심으로 말미암아 우리를 거듭나게 하사 산 소망이 있게 하시며

A Living Hope Let us give thanks to the God and Father of our Lord Jesus Christ! Because of his great mercy he gave us new life by raising Jesus Christ from death. This fills us with a living hope,

4 썩지 않고 더럽지 않고 쇠하지 아니하는 유업을 잇게 하시나니 곧 너희를 위하여 하늘에 간직하신 것이라

and so we look forward to possessing the rich blessings that God keeps for his people. He keeps them for you in heaven, where they cannot decay or spoil or fade away.

5 너희는 말세에 나타내기로 예비하신 구원을 얻기 위하여 믿음으로 말미암아 하나님의 능력으로 보호하심을 받았느니라

They are for you, who through faith are kept safe by God's power for the salvation which is ready to be revealed at the end of time.

6 그러므로 너희가 이제 여러 가지 시험으로 말미암아 잠깐 근심하게 되지 않을 수 없으나 오히려 크게 기뻐하는도다

Be glad about this, even though it may now be necessary for you to be sad for a while because of the many kinds of trials you suffer.

1장

들어가는 말이다. 1:1-12은 인사말과 하나님의 구원에 대한 찬양이다.

1:1 흩어진 나그네. 베드로는 소아시아 지역의 사람들에게 편지를 쓴다고 말하고 있다. 그들 중에 일부는 오순절 성령 강림 때 함께 있었으나 핍박을 피해 흩어진 사람도 있을 것이다. 그들은 그곳에서 '나그네'였다. 그들이 하나님의 특별한 사람이 되는 순간 세상에서는 '부정적인 의미'로 특별한 사람이 된다. 그들이 속한 사회에서 갑자기 '나그네'가 되었다. 기독교인이 됨으로 세상에 속한자가 될 수 없었다. 세상에서 '나그네'였다. 나그네라는 단어에는 많은 설움이 담겨 있다. 그들은 하루 아침에 사회와 가정에서 이방인이 되었다. 수많은 비난을 들었다. 위험해졌다. 심지어는 도시에서 비밀투표를 통해 쫓겨나기도 하였다. 당시에 길드라는 상업 연합체들이 매우 활성화되어 있었다. 신앙인이 되면 많은 부분 그러한 연합체에서 퇴짜를 당하고 왕따를 당하였다. 오늘날처럼 많은 사람들이 서로를 모르고 사는 사회가 아니라 서로 밀접하게 연결된 사회에 살면서 그들 속에서 '나그네'로 산다는 것은 참 많은 것을 포기한다는 것을 의미한다. 그 포기가 어려우면 신앙인이 된 것을 포기하고 싶어진다. 완전히 힘든 나그네였다.

1:2 택하심을 받은. 2절에 있는 '선택된'은 헬라어 분문에서는 1절에 있는 단어다. '선택'은 '예정'이라는 신학적 측면보다는 '하나님의 특별한 사람들'이라는 의미를 더 담고 있다. 이스라엘이 선택된 민족이었다. 그리고 이제 기독교인들이 선택된 사람들이다. 편지의 수신자들이 하나님의 특별한 사람들이다. 한 사람이 신앙인이 되기 위해서는 하나님 아버지의 영원의 영역 안에서의 계획과 목적(미리 아심)이 있고, 성령의 거룩하게 하는 사역이 있으며, 예수 그리스도의 피 뿌림이 있다. 그리고 그것에 대한 신앙인의 '순종'이 있다. 어느 것 하나 귀하지 않은 것이 없다. 놀라운

7 너희 믿음의 확실함은 불로 연단하여도 없어질 금보다 더 귀하여 예수 그리스도께서 나타나실 때에 칭찬과 영광과 존귀를 얻게 할 것이니라

Their purpose is to prove that your faith is genuine. Even gold, which can be destroyed, is tested by fire; and so your faith, which is much more precious than gold, must also be tested, so that it may endure. Then you will receive praise and glory and honour on the Day when Jesus Christ is revealed.

8 예수를 너희가 보지 못하였으나 사랑하는도다 이제도 보지 못하나 믿고 말할 수 없는 영광스러운 즐거움으로 기뻐하니

You love him, although you have not seen him, and you believe in him, although you do not now see him. So you rejoice with a great and glorious joy which words cannot express,

9 믿음의 결국 곧 영혼의 구원을 받음이라

because you are receiving the salvation of your souls, which is the purpose of your faith in him.

10 이 구원에 대하여는 너희에게 임할 은혜를 예언하던 선지자들이 연구하고 부지런히 살펴서

It was concerning this salvation that the prophets made careful search and investigation, and they prophesied about this gift which God would give you.

11 자기 속에 계신 그리스도의 영이 그 받으실 고난과 후에 받으실 영광을 미리 증언하여 누구를 또는 어떠한 때를 지시하시는지 상고하니라

They tried to find out when the time would be and how it would come. This was the time to which Christ's Spirit in them was pointing, in predicting the sufferings that Christ would have to endure and the glory that would follow.

12 이 섬긴 바가 자기를 위한 것이 아니요 너희를 위한 것임이 계시로 알게 되었으니 이것은 하늘로부터 보내신 성령을 힘입어 복음을 전하는 자들로 이제 너희에게 알린 것이요 천사들도 살펴 보기를 원하는 것이니라

God revealed to these prophets that their work was not for their own benefit, but for yours, as they spoke about those things which you have now heard from the messengers who announced the Good News by the power of the Holy Spirit sent from heaven. These are things which even the angels would like to understand.

성경, 이해하며 읽기 **일반서신**

은혜다. 한 명의 신앙인이 있기까지는 그렇게 놀라운 일이 일어났어야 한다. 그러기에 자신이 신앙인이라는 사실을 가벼이 여기지 말라. 참으로 존귀하게 생각해야 한다.

1:3 찬송하리로다. 헬라어는 '찬송하리로다'가 첫 단어다. 베드로는 소아시아 지역의 교회들에게 편지를 보내면서 찬양하고픈 가슴 벅참으로 말한다. 편지 수신 교회들에게 찬양하고픈 마음이 전염되기를 바라는 것 같다. 오늘 우리들에게 그 마음이 전달되어 우리도 '나에게, 삶이란 찬양이다'가 명제가 되었으면 좋겠다. 우리를 거듭나게 하사. 베드로는 왜 그렇게 찬양하고 싶었을까? 그는 하나님께서 신앙인에게 '새로운 국민권'을 주셨다고 말한다. 신앙인은 완전히 새로운 존재가 되었다. 이전에 필멸의 상태에서 이제는 필생의 존재로 바뀌었다. 우리가 이 땅에 태어날 때는 태어나 보니 죄인이었다. 가난한 자였다. 사실 인격도 꽝이었다. 그러나 우리가 이제 하나님 나라의 시민으로 다시 태어나 보니 필생의 존재가 되었다. 하나님 나라의 모든 권능과 풍요를 누리는 백성이다. **예수 그리스도를 죽은 자 가운데서 부활하게 하심으로 말미암아.** 우리가 하나님 나라의 국민이 되었다는 사실, 그것이 참으로 영광스러운 일이라는 사실을 직접적으로 보여주는 가장 확실한 것이 있으니 '그리스도의 부활'이다. 우리가 갑자기 하나님 나라의 시민이 되었다는 사실이 믿어지지 않지만 그리스도의 부활은 우리에게 그것을 실제로 보게 하셨다. 그래서 이제 확실하게 믿게 되었다. 부활의 몸은 참으로 영광스럽다. 그래서 그 영광을 어렴풋이 알게 되었다. 산 소망. 신앙인은 '거듭난'사람이다. 죽음의 자리에서 영원한 생명으로 거듭난 사람이 된다. 그런데 거듭난 사람이 되었지만 겉모습이 바뀐 것은 거의 없다. 바뀐 것이 주로 '소망'안에 담겨 있다. 그 소망은 부활이라는 증거를 통해 확실히 믿게 되었다. 우리가 하나님 나라의 국민이라는 사실을. 그래서 우리가 하나님 나라의 국민이 되었으며 주님 재림하실 때 모든 것을 확실하게 누리게 될 것이라는 믿음이 '산 소망'이 되었다.

13 그러므로 너희 마음의 허리를 동이고 근신하여 예수 그리스도께서 나타나실 때에 너희에게 가져다 주실 은혜를 온전히 바랄지어다

A Call to Holy Living So then, have your minds ready for action. Keep alert and set your hope completely on the blessing which will be given you when Jesus Christ is revealed.

14 너희가 순종하는 자식처럼 전에 알지 못할 때에 따르던 너희 사욕을 본받지 말고

Be obedient to God, and do not allow your lives to be shaped by those desires you had when you were still ignorant.

15 오직 너희를 부르신 거룩한 이처럼 너희도 모든 행실에 거룩한 자가 되라

Instead, be holy in all that you do, just as God who called you is holy.

16 기록되었으되 내가 거룩하니 너희도 거룩할지어다 하셨느니라

The scripture says, "Be holy because I am holy."

17 외모로 보시지 않고 각 사람의 행위대로 심판하시는 이를 너희가 아버지라 부른즉 너희가 나그네로 있을 때를 두려움으로 지내라

You call him Father, when you pray to God, who judges all people by the same standard, according to what each one has done; so then, spend the rest of your lives here on earth in reverence for him.

18 너희가 알거니와 너희 조상이 물려 준 헛된 행실에서 대속함을 받은 것은 은이나 금 같이 없어질 것으로 된 것이 아니요

For you know what was paid to set you free from the worthless manner of life handed down by your ancestors. It was not something that can be destroyed, such as silver or gold;

19 오직 흠 없고 점 없는 어린 양 같은 그리스도의 보배로운 피로 된 것이니라

it was the costly sacrifice of Christ, who was like a lamb without defect or flaw.

20 그는 창세 전부터 미리 알린 바 되신 이나 이 말세에 너희를 위하여 나타내신 바 되었으니

He had been chosen by God before the creation of the world and was revealed in these last days for your sake.

'살아있는 소망'이라는 것은 그 소망이 '확실하다'는 의미다. 죽어 있어 영향력이 전혀 없는 것이 아니라 살아 있어 모든 순간에 강력한 영향을 미치는 산 소망이 다. 하나님 나라의 국민이라는 사실이 우리의 가슴을 뛰게 하는가?

1:4 쇠하지 아니하는 유업을 잇게 하시나니. 하늘의 유업이 있다. 세상 나라의 국민이 되어 얻는 것들은 썩는 것이고 더럽기까지 하지만 하나님 나라의 백성이 갖게 되는 것은 참으로 영원하고 깨끗하다. 그것이 '하늘 유업'이다. 신앙인이 하늘유업을 가지고 있다는 것은 대기업 2세가 받을 유업보다 더 큰 것을 유업으로 받는다는 의미이기도 하다. 비교할 수 없을 정도로 큰 유업이다. 세상 어떤 기업보다 훨씬 더 많은 유업이며 결코 잃어버리지도 않을 유업이다. 우리를 어느 날 갑자기 그렇게 대기업 상속자로 만들어 주셨으니 감사하고 또 감사하며 찬양해야 하지 않을까?

1:6 크게 기뻐하는도다. 헬라어에서는 제일 앞쪽에 위치하여 있다. 앞 구절에서 말한 것처럼 신앙인은 천국 백성으로서의 큰 특권에 크게 기뻐한다는 것이다. 그러나 현재 그들 앞에 있는 현실은 '여러가지 시험으로 말미암아 고통 당하는 것'이다. 세상에서 왕따 되는 것이 결코 편한 경험은 아니다.

1:7 연단. 오늘 세상 나라에서 당하는 고통은 단순히 고통으로 끝나지 않는다. 많은 불순물과 섞여 있는 돌에서 금을 추출할 때 불로 온도를 가한다. 불로 온도를 가하면서 다른 것과 합치고 또 다시 분리하는 다양한 절차를 거치고 나면 아주 조금의 순금이 나온다. 많은 과정이 있지만 금이 나오는 것이니 그렇게 한다. 그렇게 힘들게 얻은 금이지만 그래도 그 금은 영원하지 않다. 그러나 다양한 고통으로 단련되고 증명된 우리의 믿음은 영원하며 그리스도께서 재림하실 때 '칭찬과 영광과 존귀'를 주시는 이유와 근거가 될 것이다. 그렇다면 우리가 믿음을 위해 불시험을 당하는 것을 어찌 불평할 수 있을까? 오히려 감사해야 할 것이다.

21 너희는 그를 죽은 자 가운데서 살리시고 영광을 주신 하나님을 그리스도로 말미암아 믿는 자니 너희 믿음과 소망이 하나님께 있게 하셨느니라

Through him you believe in God, who raised him from death and gave him glory; and so your faith and hope are fixed on God.

22 너희가 진리를 순종함으로 너희 영혼을 깨끗하게 하여 거짓이 없이 형제를 사랑하기에 이르렀으니 마음으로 뜨겁게 서로 사랑하라

Now that by your obedience to the truth you have purified yourselves and have come to have a sincere love for your fellow-believers, love one another earnestly with all your heart.

23 너희가 거듭난 것은 썩어질 씨로 된 것이 아니요 썩지 아니할 씨로 된 것이니 살아 있고 항상 있는 하나님의 말씀으로 되었느니라

For through the living and eternal word of God you have been born again as the children of a parent who is immortal, not mortal.

24 그러므로 모든 육체는 풀과 같고 그 모든 영광은 풀의 꽃과 같으니 풀은 마르고 꽃은 떨어지되

As the scripture says: "All human beings are like grass, and all their glory is like wild flowers. The grass withers, and the flowers fall,

25 오직 주의 말씀은 세세토록 있도다 하였으니 너희에게 전한 복음이 곧 이 말씀이니라

but the word of the Lord remains for ever." This word is the Good News that was proclaimed to you.

1:8 예수를 너희가 보지 못하였으나 사랑하는도다. 그들은 보지 못하는 예수님을 시험을 통해 경험하고 있었다. 시험 중에 그들을 인내하게 하고 구원하시는 예수님을 경험하고 있으니 그들은 시험이 오히려 말할 수 없는 큰 영광이요 기쁨이 된다. 그 시험을 통해 그들은 자신의 정체성을 더욱더 분명하게 경험하였다. 오늘날 많은 사람들이 시험에 너무 쉽게 넘어지는데 시험은 넘어지라고 주어지는 것이 아니라 베드로전서의 수신자들처럼 하나님을 생생하게 경험하라고 주어진 것이라는 것을 기억해야 한다.

1:11 받으실 고난과 후에 받으실 영광을 미리 증언. 그리스도의 고난은 매우 놀라운 일이지만 갑작스러운 것은 아니다. 선지자들이 성령의 인도하심 가운데 미리 성경에서 말하였다. 우리의 구원이 참으로 소중한 일이기에, 우리를 향한 하나님의 사랑이 커서 우리의 구원을 바라시는 하나님의 마음 때문에 놀라운 일이 일어났다. 우리의 고난도 그 연장선에 있다. 그러니 세상의 고통의 시험 때문에 우리의 구원의 일을 놓치는 어리석은 자가 되지 말아야 한다.

1:12 천사들도 보기를 원하는 것이니라. 성자 하나님이신 그리스도의 성육신과 대속의 죽으심과 부활은 선지자들이 상고하던 것이고 천사들도 그것의 신비의 사건들을 보기를 원하였던 것이다. 신자들이 복음의 시대를 사는 것은 참으로 큰 특권이다.

본론을 시작한다. 1:13-2:10은 믿음으로 시작된 새로운 삶에 대해 말한다.

1:13 마음의 허리를 동이고. '행동을 위해 준비된 마음을 가지라'는 뜻이다. 이 당시의 사람들은 달리기나 먼 거리를 갈 때 또는 활동적인 행동을 하기 전에 넓고 긴 옷을 조금 올리고 폭을 줄여서 허리띠 사이로 집어넣었다. 보이는 것이 중요한 것이

아니라 잘 움직이기 위해 옷을 고쳐 입는 것이다. 움직이는데 지장을 주지 않기 위해서다. 신앙인이 되면 이제 중요한 것이 바뀐다. 죽은 소망이 아니라 산 소망이 중요하다. 그래서 죽은 소망에 대해서는 포기하고 산소망에 대해 준비된 자세를 가져야 한다. 근신하여. 헬라어로는 '삼가는 마음'이 아니라 '깨어 있는 마음'을 의미한다. 사람들이 정신적으로 여러 일에 도취되거나 무감각하다. 경력,소유,여가,명성,우정,학문적 성취,권위 등에 취하여 있다. 그러한 것에서 깨어나야 함을 말한다. 그러한 것에서 깨어나 주님이 이 땅에 재림하실 때 우리에게 주실 '은혜'를 바라보며 그것에 마음을 두어야 한다. 그것을 갈망해야 한다. **그리스도께서 나타나실 때에 너희에게 가져다 주실 은혜를 온전히 바랄지어다.** 그리스도께서 재림하실 때 우리에게 '하늘 유업'을 주실 것이다. 놀라운 것을 은혜로 주시는 것이다. 엄청난 선물이어서 우리가 결코 받을 수 없기에 은혜로 주시는 선물이다. 그것을 사모하라는 말씀이다. 믿음을 알지 못하였을 때는 다른 것을 사모하였다.

1:14 사욕을 본받지 말고. 그때는 '악한 열정(사욕)'에 따라 세상의 것을 많이 가지면 좋았다. 그래서 세상의 것을 좇아갔고, 악한 방식으로라도 얻고자 하였다. 그러나 이제 그 열정의 대상이 바뀐 것이다.

1:15 너희를 부르신 거룩한 이처럼 너희도 모든 행실에 거룩한 자가 되라. 세상의 것을 얻기 위해서는 세상을 따라가야 한다. 세상의 열심과 노력과 거짓과 탐욕을 따라가야 한다. 그래야 조금 얻을 수 있다. 그러나 우리는 이제 주님 재림하셔서 주실 선물(은혜)을 사모한다. 그래서 이제 신앙인은 주님을 따라간다. 주님이 거룩하시니 우리도 거룩해야 해야 한다. 우리의 모든 삶이 주님을 닮아야 한다. 주님의 거룩을 닮아야 한다.

1:17 외모로 보시지 않고. '불공평하지 않으시고'로 번역하는 것이 더 좋을 것 같다.

성경, 이해하며 읽기 **일반서신**

하나님의 이름을 알고 있다고 그를 구원하지 않으신다. 오직 '각 사람의 행위대로 심판'하신다. 하나님의 이름을 알고 있는 사람이 아니라 행위를 보고 심판하신다. 우리는 그리스도의 피로 구원함을 얻는다. 오직 그리스도만이 우리를 대속하실 수 있다. 우리의 행위는 결코 구원에 이를 수 없다. 그러나 그렇다고 하여 우리가 어떤 행위를 해도 된다는 뜻은 결코 아니다. 그리스도의 피로 구원함을 얻기 때문에 우리는 더욱더 거룩한 행위를 해야 한다. 그것을 위해 몸부림쳐야 한다. 두려움으로 지내라. 말씀에 따라 자신의 삶을 두려움 가운데 잘 살펴야 한다.

1:18-19 대속함을 받은 것은...그리스도의 보배로운 피로 된 것이니라. 18절-21절은 17절의 종속절이다. 전체가 한 문장이라고 해도 된다. 두려워하며 자신의 행실을 살펴야 하는 근거와 이유를 말한다. 우리가 거룩하지 못한 행동을 하는 이유는 많다. 세상에서 살아남기 위해, 성격, 수많은 이유가 있다. 그러나 그 이유가 정당한 이유는 아니다. 그것이 크게 공감이 되어도 여전히 타당하지 못하다. 구원은 은과 금이 아니라 '그리스도의 피'로 되는 것이다. 그러기에 우리는 은과 금을 얻기 위한 열정이 아니라 그리스도의 피의 은혜를 알고 얻기 위한 열정을 가져야 한다. 예수님은 우리를 위해 피 흘리시면서 우리의 구원을 위해 일하셨는데 우리가 다른 것을 하면서 거룩하지 못한 이유를 말할 수 있겠는가? 세상에서 은을 버는 일이든 금처럼 귀히 여기는 일이든 그것은 이유가 되지 못한다.

1:21 너희 믿음과 소망이 하나님께 있게 하셨느니라. 세상에서 귀한 은과 금이라 할지라도 그것은 사라지는 것이다. 우리가 살아야 할 '말씀의 실현'이라는 거룩한 삶이 영원하다. 우리는 그들의 은과 금을 배설물로 여기고 말씀이 말하는 것에 우리의 모든 믿음과 소망을 두어야 한다. 오직 하나님과 하나님의 말씀에 우리의 믿음과 소망을 두어야 한다.

1:22 진리를 순종함으로 너희 영혼을 깨끗하게 하여. 성경에 말씀하신 대로 그리스도를 믿고 순종함으로 하나님 나라의 백성이 되었다. 그렇다면 우리는 또한 성경의 말씀대로 '형제를 사랑하여야'하지 않겠는가? 성경에서 단물만 빨아먹고 쓴 물은 먹지 않으려는 사람은 결코 성경의 사람이 아니다. 하나님의 사람이 아니다. 성경 말씀대로 구원을 얻는 것을 알았으니 우리는 성경의 다른 곳에서 말씀하는 것도 따라 살아야 한다. 성경이 말하는 대로 행동하는 거룩한 사람이 되어야 한다.

1:23 썩지 아니할 씨. 우리는 썩어질 것을 찾는 것이 아니라 이제 썩지 않을 말씀의 가르침에 따라 사는 것이 옳은 길이고 영광의 길인 것을 안다. 우리는 세상의 것에 가치를 둔 행동이 아니라 말씀에 가치를 둔 행동을 해야 한다. 말씀을 따라 구원의 길을 알았으니 말씀을 따라 살아야 한다.

1:25 주의 말씀은 세세토록 있도다. 하나님의 백성이 되었으면 이제 말씀을 따라 사는 것이 영원한 가치를 가지는 것을 알기에 말씀을 더 알기 위해 힘을 쓰고 말씀대로 살기 위해 더 노력하게 된다.

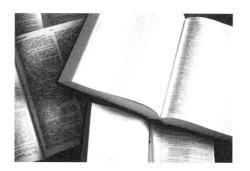

1 그러므로 모든 악독과 모든 기만과 외식과 시기와 모든 비방하는 말을 버리고

The Living Stone and the Holy Nation Rid yourselves, then, of all evil; no more lying or hypocrisy or jealousy or insulting language.

2 갓난 아기들 같이 순전하고 신령한 젖을 사모하라 이는 그로 말미암아 너희로 구원에 이르도록 자라게 하려 함이라

Be like newborn babies, always thirsty for the pure spiritual milk, so that by drinking it you may grow up and be saved.

3 너희가 주의 인자하심을 맛보았으면 그리하라

As the scripture says, "You have found out for yourselves how kind the Lord is."

4 사람에게는 버린 바가 되었으나 하나님께는 택하심을 입은 보배로운 산 돌이신 예수께 나아가

Come to the Lord, the living stone rejected by people as worthless but chosen by God as valuable.

5 너희도 산 돌 같이 신령한 집으로 세워지고 예수 그리스도로 말미암아 하나님이 기쁘게 받으실 신령한 제사를 드릴 거룩한 제사장이 될지니라

Come as living stones, and let yourselves be used in building the spiritual temple, where you will serve as holy priests to offer spiritual and acceptable sacrifices to God through Jesus Christ.

6 성경에 기록되었으되 보라 내가 택한 보배로운 모퉁잇돌을 시온에 두노니 그를 믿는 자는 부끄러움을 당하지 아니하리라 하였으니

For the scripture says: "I chose a valuable stone, which I am placing as the cornerstone in Zion; and whoever believes in him will never be disappointed."

7 그러므로 믿는 너희에게는 보배이나 믿지 아니하는 자에게는 건축자들이 버린 그 돌이 모퉁이의 머릿돌이 되고

This stone is of great value for you that believe; but for those who do not believe: "The stone which the builders rejected as worthless turned out to be the most important of all."

2장

2:1 악독과 모든 기만과 외식과 시기와 모든 비방하는 말을 버리고. '악독(악하고 천한 생각이나 태도)과 기만(거짓의 기술)과 외식과 시기와 비방하는 말'은 주님과 관계를 맺는 것을 막는 것들이다. 이런 마음을 가지고 있으면 주님과 교통할 수 없다. 순전하라. 진실하라.

2:2 갓난 아기들 같이 순전하고 신령한 젖을 사모하라. '신령한 젖'은 말씀을 가리킨다. 우리를 말씀에 노출시켜야 한다. 생명줄처럼 사모해야 한다. 하루를 살면서 말씀을 읽을 '시간이 없다' 말하지 마라. 시간은 하나님이 주신 것이며 말씀을 읽고 묵상하며 살도록 주신 것이다. 그러니 '갓난 아기들'이 우유를 먹고 싶어 우는 것처럼 찾으라. '순전한' 젖을 사모해야 한다. 이기주의와 성공병 등으로 각색된 말씀이 아니라 말씀에 다른 것을 가감하지 말고 불순물이 없는 말씀을 사모해야 한다. 갓난 아기가 젖을 먹어야 성장하듯이 주 안에서 거듭난 우리는 말씀을 먹어야 성장한다. 구원에 이르게 된다. 거듭났다고 하는데 성장하지를 않아서 구원받았는지 그렇지 않은지가 헷갈리는 사람들이 많다.

2:4 산 돌. 그리스도를 가리키는 말. 영원전부터 영원까지 살아 계신 분이기에 산 돌이시며, 사람들에게 생명을 주시는 분이기에 산 돌이시다. 예수님도 사람들에게 '버린 바' 되었다. 사람들은 자신들의 집을 짓는데 예수님이 거추장스러웠다. 그래서 버렸다.

2:5 산 돌 같이 신령한 집으로 세워지고. 여기에서 '산 돌'은 예수님을 말하는 것이 아니라 신앙인을 말한다. 신앙인이 산 돌이 되는 것이다. 원조 산 돌이신 그리스도에 잇대어져 생명을 가진 이들이다. 산 돌은 성전이라는 건물(신령한 집)을 짓 는데 사

8 또한 부딪치는 돌과 걸려 넘어지게 하는 바위가 되었다 하였느니라 그들이 말씀을 순종하지 아니하므로 넘어지나니 이는 그들을 이렇게 정하신 것이라

This stone is of great value for you that believe; but for those who do not believe: "The stone which the builders rejected as worthless turned out to be the most important of all."

9 그러나 너희는 택하신 족속이요 왕 같은 제사장들이요 거룩한 나라요 그의 소유가 된 백성이니 이는 너희를 어두운 데서 불러 내어 그의 기이한 빛에 들어가게 하신 이의 아름다운 덕을 선포하게 하려 하심이라

But you are the chosen race, the King's priests, the holy nation, God's own people, chosen to proclaim the wonderful acts of God, who called you out of darkness into his own marvellous light.

10 너희가 전에는 백성이 아니더니 이제는 하나님의 백성이요 전에는 긍휼을 얻지 못하였더니 이제는 긍휼을 얻은 자니라

At one time you were not God's people, but now you are his people; at one time you did not know God's mercy, but now you have received his mercy.

11 사랑하는 자들아 거류민과 나그네 같은 너희를 권하노니 영혼을 거슬러 싸우는 육체의 정욕을 제어하라

Slaves of God I appeal to you, my friends, as strangers and refugees in this world! Do not give in to bodily passions, which are always at war against the soul.

12 너희가 이방인 중에서 행실을 선하게 가져 너희를 악행한다고 비방하는 자들로 하여금 너희 선한 일을 보고 오시는 날에 하나님께 영광을 돌리게 하려 함이라

Your conduct among the heathen should be so good that when they accuse you of being evildoers, they will have to recognize your good deeds and so praise God on the Day of his coming.

13 인간의 모든 제도를 주를 위하여 순종하되 혹은 위에 있는 왕이나

For the sake of the Lord submit to every human authority: to the Emperor, who is the supreme authority,

14 혹은 그가 악행하는 자를 징벌하고 선행하는 자를 포상하기 위하여 보낸 총독에게 하라

and to the governors, who have been appointed by him to punish the evildoers and to praise those who do good.

용되는 재료다. 예수님이 산 돌이시고 성도는 '산 돌들'이다. 우리는 성전의 주인되신 예수님과 함께 건물을 짓는데 사용되는 산 돌이다. 돌을 쌓아 건물을 짓듯이 우리들은 함께 벽돌이 되어 성전을 지어가는 것이다. 이때 중요한 것이 무엇일까? 유기적 관계다. 그래서 '돌'이 아니라 '산 돌'이다. 돌끼리 유기적 관계를 맺어야 하는데 무엇보다 '예수님'이라는 산 돌에 우리들이 맞추어야 한다. 우리가 말씀을 따라가다 세상에서 버려지면 비참한 것 같지만 아니다. 비로소 산 돌이 된다. 세상의 저들이 짓고 있는 집은 '죽은 돌'로 짓는 것이다. 생명이 없는 집을 짓고 있는 저들에 비해 우리는 산 돌이 되어 생명이 있는 집을 짓고 있다. 예수님이 산 돌이시고 우리도 산 돌이 되어 '신령한 집'을 짓고 있고 우리의 인생이 하나님께서 거하시는 집이 된다. 얼마나 행복한 일인가? 생명이 있는 곳에 행복이 있다. 말씀을 따라 우리가 산 돌이 되어 살아간다면 우리의 삶 자체가 '하나님이 기쁘시게 받으실 신령한 제사'가 된다. 우리가 하나님께서 기뻐 받으시는 것을 드리는 제사장이 된다.

2:7 건축자들이 버린 그 돌이 모퉁이의 머릿돌이 되고. '믿지 아니하는' 자에게 '버려진 돌'인 예수님이 '믿는' 우리에게는 '보배'이다. 우리의 '모퉁이의 주춧돌'이 되신다. '머릿돌'이라는 번역은 '케파레'라는 헬라어 때문에 그렇게 번역하는 것인데 이 단어를 '머리'로 많이 번역한다. 그러나 이 단어는 '출발점'(NIDNTTE)이라는 의미로 사용되기도 한다. 이것은 당시에 집을 지을 때를 반영하는 것으로 건물을 지을 때 코너에 돌을 놓고 나머지는 모두 그것에 맞추어 열을 맞춘다. 단순히 '머리'와 '모퉁이 돌'을 합하여 '머릿돌'로 번역하는데 '머릿돌'이라는 국어적 뜻은 '연월일 따위를 새겨서 일정한 자리에 앉히는 돌'이기 때문에 아주 잘못된 번역이다. 모퉁이돌은 건축할 때 가장 중요하며 처음에 이것을 세우고 다른 돌들은 이 돌을 기준으로 놓여지고 이어진다. 예수님은 하나님 나라의 '모퉁이의 기초돌'이다. 그런데 많은 사람들이 '버린 돌'로 취급하였다. 베드로가 글을 쓰는 당시에 많은 사람들이 사회에서 버린 돌이 되었다. 그들은 오늘 본문의 '버린 돌'과 '기초돌'이 아주 실

15 곧 선행으로 어리석은 사람들의 무식한 말을 막으시는 것이라
For God wants you to silence the ignorant talk of foolish people by the good things you do.

16 너희는 자유가 있으나 그 자유로 악을 가리는 데 쓰지 말고 오직 하나님의 종과 같이 하라
Live as free people; do not, however, use your freedom to cover up any evil, but live as God's slaves.

17 뭇 사람을 공경하며 형제를 사랑하며 하나님을 두려워하며 왕을 존대하라
Respect everyone, love your fellow-believers, honour God, and respect the Emperor.

18 사환들아 범사에 두려워함으로 주인들에게 순종하되 선하고 관용하는 자들에게만 아니라 또한 까다로운 자들에게도 그리하라
The Example of Christ's Suffering You servants must submit to your masters and show them complete respect, not only to those who are kind and considerate, but also to those who are harsh.

19 부당하게 고난을 받아도 하나님을 생각함으로 슬픔을 참으면 이는 아름다우나
God will bless you for this, if you endure the pain of undeserved suffering because you are conscious of his will.

20 죄가 있어 매를 맞고 참으면 무슨 칭찬이 있으리요 그러나 선을 행함으로 고난을 받고 참으면 이는 하나님 앞에 아름다우니라
For what credit is there if you endure the beatings you deserve for having done wrong? But if you endure suffering even when you have done right, God will bless you for it.

21 이를 위하여 너희가 부르심을 받았으니 그리스도도 너희를 위하여 고난을 받으사 너희에게 본을 끼쳐 그 자취를 따라오게 하려 하셨느니라
It was to this that God called you, for Christ himself suffered for you and left you an example, so that you would follow in his steps.

22 그는 죄를 범하지 아니하시고 그 입에 거짓도 없으시며
He committed no sin, and no one ever heard a lie come from his lips.

감 있게 들렸을 것이다. 오늘날은 돌로 벽돌을 쌓아 집을 짓지도 않고 그런 것을 잘 생각하지도 않기 때문에 실제적으로 느끼지 못한다. 그러나 한 가지 분명히 기억해야 한다. 우리는 주님이 놓인 그 돌에 오와 열을 맞추어 우리들도 세워져 가야 한다. 주님이 시작점이다. 주님이 기준이다. 우리가 세상에서 버려졌다고 불평할 필요가 전혀 없다. 오히려 그것이 정상이다. 우리는 세상이 우리를 버린 것에 대해 실망할 것이 아니라 우리가 어찌하여야 모퉁이의 주춧돌이신 예수님을 우리의 목적과 삶의 이유로 삼아 하나님 나라를 건축해 가야 할지를 생각해야 한다.

2:9 너희는 택하신 족속이요 왕 같은 제사장들이요 거룩한 나라요 그의 소유가 된 백성. 세상에서 우리를 인정하지 않고 무시하여도 결코 신경쓰지 마라. 우리는 세상에서 버려졌지만 하나님께 '택함 받은' 사람이다. 우리는 세상에서 나그네이지만 하나님 나라에서는 '왕(하나님)의 제사장'이다. '왕 같은 제사장'은 '왕(하나님)을 섬기는 제사장'으로 번역하는 것이 좋을 것 같다. 하나님을 찬양하며 섬기는 하나님의 제사장이다. 세상 사람들의 화려한 것이 아니라 우리가 드려지는 것을 받으신다. 우리는 세상 나라에서는 나그네이지만 하나님 나라의 국민이다. 우리는 하나님의 소유로서 하나님께서 보호하시고 보존하시는 사람들이다. 이쯤 되면 세상이 우리를 버려준 것이 오히려 매우 감사하게 생각될 것이다. 우리가 이전에 세상 나라 국민으로 살던 것은 실제로는 필멸의 길을 가고 있던 '어둠'의 삶이었다. 그러나 이제 필생의 '놀라운 빛'의 길을 가는 사람이 되었다. 참으로 기쁘고 감사한 삶으로의 전환이다.

2:11 나그네...육체의 정욕을 멀리하라. 신앙인은 세상에서 정착민이 아니라 나그네이다. 세상 사람들은 세상에서 정착하고 권세를 누리려는 사람들이다. 그러나 신앙인은 세상의 권세가 그들의 목적이 아니다. '육체의 정욕'은 세상의 탐욕이다. 세상에서 정착민이 되려는 욕심이다. 그래서 신앙인의 속 사람은 세상과 짝하려는 자신

23 욕을 당하시되 맞대어 욕하지 아니하시고 고난을 당하시되 위협하지 아니하시고 오직 공의로 심판하시는 이에게 부탁하시며

When he was insulted, he did not answer back with an insult; when he suffered, he did not threaten, but placed his hopes in God, the righteous Judge.

24 친히 나무에 달려 그 몸으로 우리 죄를 담당하셨으니 이는 우리로 죄에 대하여 죽고 의에 대하여 살게 하려 하심이라 그가 채찍에 맞음으로 너희는 나음을 얻었나니

Christ himself carried our sins in his body to the cross, so that we might die to sin and live for righteousness. It is by his wounds that you have been healed.

25 너희가 전에는 양과 같이 길을 잃었더니 이제는 너희 영혼의 목자와 감독 되신 이에게 돌아왔느니라

You were like sheep that had lost their way, but now you have been brought back to follow the Shepherd and Keeper of your souls.

의 정욕을 제거하려고 노력해야 한다. 신앙인이 '세상에서 나그네로 산다는 것'은 그들 속에서 정욕으로 추한 사람이 되는 것을 멀리하고 욕심 없이 아름다운 사람이 되기 위해 노력한다는 것을 의미한다. 세상 사람들은 육체의 정욕을 따라 산다. 그러나 우리는 말씀을 따라 산다.

2:12 이방인 중에서 행실을 선하게 가져. 우리의 세상살이가 성경을 따라 산다면 당연히 그들 가운데 '탁월한' 삶이 될 것이다. '선한'삶이 될 것이다. 그러한 선한 삶은 세상 사람들에게는 두 가지로 보일 것이다. 어떤 것은 부러울 것이고 어떤 것은 나쁘게 보일 것이다. 그들의 눈에는 어떤 면에 있어 우리가 세상의 질서를 어기고 예수님을 믿는 것이고, 과하게 고집을 부리는 사람처럼 보일 수 있다. 그러나 일반 계시적인 면에 있어서는 정직하고 순결하며 진실한 것 등에 대해 인정할 것이다. 오시는 날에 하나님께 영광을 돌리게 하려 함이라. '오시는 날'은 2가지 해석 가능성이 있다. 첫째는 주님 재림하시는 날이다. 둘째는 믿음이 없는 그 사람을 하나님이 만나주시는 날이다. 전자라면 심판 때에 그들이 결국 신앙인이 옳았다는 것을 인정하게 된다는 의미이고 후자라면 그들이 신앙인의 행동을 보고 있다가 결국 어떤 문제나 어려움을 겪으면서 인생을 깊이 생각하다가 신앙인의 모습을 다시 보게 되고 그래서 결국 그가 믿음을 갖게 된다는 의미다.

2:13 순종하되 혹은 위에 있는 왕이나. 베드로에게 이 당시 황제는 네로였다. 그렇게 악한 왕 이어도 그가 세운 제도에 순종하라고 말하고 있다. 악한 대통령이라고 순종하지 말아야 하는 것이 아니다. 그가 우리의 신앙을 거부하게 하는 것이 아니라면 모든 법과 제도에 대해 순종해야 한다.

2:17 뭇 사람을 공경하며. 신앙인은 모든 사람을 사람으로서 존중해야 하며 동시에 왕도 왕으로서 존중해야 한다. 믿음의 형제를 사랑하고, 하나님을 가장 경외해야 하

는 것과 같다. 믿음의 형제를 사랑하고 하나님을 경외한다 하여 믿지 않는 사람들을 존중하지 않고 왕을 존중하지 않는 것이 아니다. 신앙인이 세상에서 나그네 취급을 당하고 우리도 나그네로 살아가는데 그렇다고 세상을 향하여 부정적인 자세를 가지면 안 된다. 세상을 향하여 늘 긍정적이고 따스한 마음을 가져야 한다.

2:18 사환들아. '사환'으로 번역된 이 당시의 종들은 주로 임금을 받으면서 일하였다. 오늘날 종속관계가 강한 직장이 있다면 그곳과 흡사하다. 갑질하는 사장에게 순종해야 할까? 순종하라고 한다. 이 당시 종은 경제의 중추적 역할을 하였다. 어떤 면에 있어서는 오늘날 노동자와 비슷하다. 조금 더 많이 매인 노동자다. 로마라는 도시에는 자유인보다 종이 더 많았고 로마제국 안에서 사분의 일은 종이었다. 그들이 주로 일을 하였다. 그들은 때로는 재산처럼 취급을 당하였고 사회에서 가장 낮은 계층이다. 그들이 종으로 살아가는 것은 참 힘든 일이었다. 그런데 베드로는 그들에게 종에서의 해방이 아니라 순종을 말한다. 까다로운 자들에게도 그리하라. '까다로운 사람'은 악한 사람까지 포함하는 단어다. 어찌 보면 억울하다. 그러나 그것은 세상 관점을 가지고 있기 때문일 것이다. 세상에서는 주인이 더 좋고 종이 불쌍한 사람이지만 성경은 결코 그렇게 말하지 않는다. 세상 권세자가 더 높거나 주인이 더 좋은 것이 아니다. 단지 순종하라고 말할 뿐이다. 역할에 대한 인정일 뿐이다. 그들이 악한 것을 요구하지 않는 이상 그들에게 순종해야 한다.

2:19 부당하게 고난을 받아도 하나님을 생각함으로 슬픔을 참으면 이는 아름다우나. 말씀은 종이 세상에서 낮은 자의 삶을 살고 때로는 부당한 대우를 받아도 참을 것을 말한다. 마땅한 고난이 아니라 부당한 고난이기 때문에 오히려 더 참을 수 있고 더 아름다운 것이라 말씀한다. 힘이 없어 참는 것이 아니라 '하나님을 생각함으로 참으라'고 말한다. 중요한 것은 '주인의 부당한 행동이 아니라 자신의 행동이 죄가 있는지 선을 행함인지'이다. 하나님께서 종을 심판할 때는 종의 행동을 보실 것이기

때문이다.

2:21 그리스도도 너희를 위하여 고난을 받으사. 세상에서 종으로 고난을 당하고 부당한 고난까지 당한다면 참으로 억울한 일이다. 그러나 우리의 주 예수 그리스도는 더욱더 많이 고난을 받으셨다. 하나님은 우리의 고난을 모르기 때문이 아니라 알기 때문에 그런 고난을 받도록 하셨다. 성자이신 그리스도께서 우리를 위하여 고난을 받으셨다. 우리가 믿음으로 고난을 받는 것은 그리스도의 고난에 동참하는 것이기에 참으로 영광스러운 일이다. 신앙인이 믿음 때문에 받는 고난은 설상가상이 아니라 고난 위에 영광을 더하는 것이다.

2:23 욕을 당하시되 맞대어 욕하지 아니하시고...심판하시는 이에게 부탁하시며. 부당한 고난을 그대로 받으신 주님을 닮아 신앙인도 그렇게 부당한 고난을 받아야 한다고 말한다. 그렇다면 베드로는 그렇게 하였을까? 지금 베드로가 글을 쓰고 있는 배경은 아마 로마의 네로 황제일 것이다. 네로에 의해 나중에 순교도 당할 것이다. 그런데 그도 부당한 고난을 참았다. 참는다는 것은 불의를 참는 것이 아니다. 단지 불의를 내가 해결하는 것이 아니라 '심판하시는 분'께 위임하는 것이다.

2:24 우리로 죄에 대하여 죽고 의에 대하여 살게 하심이라. 상대방이 아무리 잘못하였다 하여도 나까지 죄로 반응하면 안 된다. 우리는 죄에 대해서는 아예 무능한 사람, 죽은 사람이 되어야 한다. 사람들의 죄를 내가 심판하려다 나도 죄에 물들기 쉽다. 나의 할 일은 '의'를 행하는 것이다. 상대가 아무리 잘못하였어도 내가 해야 하는 의를 행하라. 우리가 할 수 있는 것은 오직 '의'다. 의에만 유능한 사람, 산 사람이 되어야 한다. 우리는 미워할 능력이 전혀 없다. 오직 사랑하는 능력만 가지고 있는 사람들이다.

1 아내들아 이와 같이 자기 남편에게 순종하라 이는 혹 말씀을 순종하지 않는 자라도 말로 말미암지 않고 그 아내의 행실로 말미암아 구원을 받게 하려 함이니

Wives and Husbands In the same way you wives must submit to your husbands, so that if any of them do not believe God's word, your conduct will win them over to believe. It will not be necessary for you to say a word,

2 너희의 두려워하며 정결한 행실을 봄이라

because they will see how pure and reverent your conduct is.

3 너희의 단장은 머리를 꾸미고 금을 차고 아름다운 옷을 입는 외모로 하지 말고

You should not use outward aids to make yourselves beautiful, such as the way you do your hair, or the jewellery you put on, or the dresses you wear.

4 오직 마음에 숨은 사람을 온유하고 안정한 심령의 썩지 아니할 것으로 하라 이는 하나님 앞에 값진 것이니라

Instead, your beauty should consist of your true inner self, the ageless beauty of a gentle and quiet spirit, which is of the greatest value in God's sight.

5 전에 하나님께 소망을 두었던 거룩한 부녀들도 이와 같이 자기 남편에게 순종함으로 자기를 단장하였나니

For the devout women of the past who placed their hope in God used to make themselves beautiful by submitting to their husbands.

6 사라가 아브라함을 주라 칭하여 순종한 것 같이 너희는 선을 행하고 아무 두려운 일에도 놀라지 아니하면 그의 딸이 된 것이니라

Sarah was like that; she obeyed Abraham and called him her master. You are now her daughters if you do good and are not afraid of anything.

7 남편들아 이와 같이 지식을 따라 너희 아내와 동거하고 그를 더 연약한 그 릇이요 또 생명의 은혜를 함께 이어받을 자로 알아 귀히 여기라 이는 너희 기도가 막히지 아니하게 하려 함이라

In the same way you husbands must live with your wives with the proper understanding that they are weaker than you. Treat them with respect, because they also will receive, together with you, God's gift of life. Do this so that nothing will interfere with your prayers.

성경, 이해하며 읽기 **일반서신**

3장

3:1 남편에게 순종하라. 순종은 낮아서 하는 것이 아니다. 질서일 뿐이다. 세상 권위에 대한 순종은 그것이 하나님으로부터 나왔기 때문이기도 하지만 또한 세상 권위가 그렇게 목숨 걸 문제가 아니기 때문이기도 하다. 어떤 여인은 '말씀을 순종하지 않는 사람'을 남편으로 두고 있었을 것이다. '말씀을 순종하지 않는 사람'은 아마 비기독교인일 것이다. 게다가 그는 착한 사람이기 보다는 말씀의 철학에 어긋나 있으며 노골적으로 말씀의 정신을 반대하는 사람일 수도 있다. 이 여인의 경우 어찌해야 할까? 남편과 헤어져야 할까? 남편의 지긋지긋한 폭언이나 비신사적 행동을 어찌해야 할까? 세상의 문제에 대한 현명한 자세는 '짧고 굵게 생각'하는 것이다. 세상 문제를 큰 문제로 생각하여 그것에 골몰하면 결국 늪에 빠진 사람처럼 된다. 움직이면 움직일수록 늪 속으로 더 빠져드는 것처럼 세상 문제를 생각하면 생각할수록 문제는 더 심각해진다. '문제를 어찌해야 할지'가 아니라 '자신이 어찌해야 할지'를 생각하는 것이 더 중요하다. 세상의 문제로 내가 지옥에 가는 것이 아니라 자신의 죄로 지옥에 가는 것이기 때문이다. 남편의 잘못된 행동에 대해 수없이 말을 많이 해보았다는 사람도 있다. 그러나 아마 그러한 말은 오히려 문제만 더 복잡하게 만들었을 것이다. **말로 말미암지 않고 그 아내의 행실로 말미암아 구원을 받게 하려 함이니.** 말로 '고치라'고 말하고 '교회 가자'고 말하는 것이 아니라 '행실'로 기독교의 삶을 살 때 남편이 '혹' 구원을 받아들이는 사람이 될 수 있다고 말씀한다. 아내가 남편의 엄청난 구박 속에서 교회를 다닐 때 그는 구박하는 남편을 미워하는 것이 아니라 남편의 구원을 소망해야 한다. 당시에 남편이 아내의 종교를 따라 갈 가능성은 거의 없었다. 그러나 그래도 소망해야 한다. 신앙인은 그것이 진리이기 때문에 가능하다는 사실을 안다. 아내는 그렇게 하여 남편에게 복주는 사람이 될 수 있다.

3:3-4 너희의 단장은...외모로 하지 말고...심령의 썩지 아니할 것으로 하라. 아내가 '외

8 마지막으로 말하노니 너희가 다 마음을 같이하여 동정하며 형제를 사랑하며 불쌍히 여기며 겸손하며

Suffering for Doing Right To conclude: you must all have the same attitude and the same feelings; love one another as brothers and sisters, and be kind and humble with one another.

9 악을 악으로, 욕을 욕으로 갚지 말고 도리어 복을 빌라 이를 위하여 너희가 부르심을 받았으니 이는 복을 이어받게 하려 하심이라

Do not pay back evil with evil or cursing with cursing; instead, pay back with a blessing, because a blessing is what God promised to give you when he called you.

10 그러므로 생명을 사랑하고 좋은 날 보기를 원하는 자는 혀를 금하여 악한 말을 그치며 그 입술로 거짓을 말하지 말고

As the scripture says: "Whoever wants to enjoy life and wishes to see good times, must keep from speaking evil and stop telling lies.

11 악에서 떠나 선을 행하고 화평을 구하며 그것을 따르라

They must turn away from evil and do good; they must strive for peace with all their heart.

12 주의 눈은 의인을 향하시고 그의 귀는 의인의 간구에 기울이시되 주의 얼굴은 악행하는 자들을 대하시느니라 하였느니라

For the Lord watches over the righteous and listens to their prayers; but he opposes those who do evil."

13 또 너희가 열심으로 선을 행하면 누가 너희를 해하리요

Who will harm you if you are eager to do what is good?

14 그러나 의를 위하여 고난을 받으면 복 있는 자니 그들이 두려워하는 것을 두려워하지 말며 근심하지 말고

But even if you should suffer for doing what is right, how happy you are! Do not be afraid of anyone, and do not worry.

15 너희 마음에 그리스도를 주로 삼아 거룩하게 하고 너희 속에 있는 소망에 관한 이유를 묻는 자에게는 대답할 것을 항상 준비하되 온유와 두려움으로 하고

But have reverence for Christ in your hearts, and honour him as Lord. Be ready at all times to answer anyone who asks you to explain the hope you have in you,

모'의 단장이 아니라 '마음에 숨은 사람 즉 속사람'을 꾸며야 한다고 말한다. 그것이 성경에서 말하는 사람의 바른 도리다. 아내가 성경을 따라 살면 남편도 아내를 통해 성경과 하나님을 보게 된다. 그러면 교회와 구원에 관심을 기울이게 되고 결국 말씀에 노출된 많은 사람이 그러하듯 그도 복음을 알게 될지 모른다. 아내는 남편의 문제가 아니라 자신의 속사람을 가꿈으로 결국 남편의 구원을 이루게 될 것이다. 남편의 문제가 해결되는 것이다. 무엇보다 자신이 신앙인으로서 잘 산 것이 된다.

3:7 남편들아...귀히 여기라. 남편에게 말한다. 여기에서의 남편은 앞의 비신앙인이 아니라 신앙인에게 하는 말이다. 남편들에게 아내를 '귀히 여기라'고 말씀한다. 당시에 남편은 '아내 위에 군림하는 사람'이었다. 그래야 남자다웠다. 세상이 말하는 관계가 아니라 하나님께서 보시는 관점으로 아내를 귀히 여기며 오히려 육체가 연약하기에 더 보살피고 도우며 살아야 한다. 남편도 아내에게 복을 주는 사람이 되어야 한다.

3:8 너희가 다 마음을 같이하여 동정하며. 세상이 문제가 많고 사람도 문제가 많다. 그러나 그 속에서 사람들과 한 마음으로 조화를 이루고, 공감하며, 형제애를 가지고, 상냥히 대하며, 겸손한 자세로 대해야 한다는 것을 잊지 말아야 한다. 세상이 문제가 많으면 더욱더 이러한 마음을 가져야 한다. 나도 문제가 있고 세상 사람들도 문제가 있으니 서로의 상처를 보듬어 주어야 하기 때문이다.

3:9 욕을 욕으로 갚지 말고. 문제로 가득한 세상과 사람들 틈 속에서 산다는 것은 늘 지뢰밭에서 사는 것 같을 수 있다. 그러나 지뢰를 밟아도 터지지 않는 방법이 있다. '악을 악으로' 대하지 않는 것이다. 세상의 지뢰는 다행히 세게 밟아야 터 진다. 분명히 세상의 악(지뢰)이어도 내가 슬쩍 넘어가면 안 터지고 넘어간다. 그렇게 슬쩍

16 선한 양심을 가지라 이는 그리스도 안에 있는 너희의 선행을 욕하는 자들로 그 비방하는 일에 부끄러움을 당하게 하려 함이라

but do it with gentleness and respect. Keep your conscience clear, so that when you are insulted, those who speak evil of your good conduct as followers of Christ will be ashamed of what they say.

17 선을 행함으로 고난 받는 것이 하나님의 뜻일진대 악을 행함으로 고난 받는 것보다 나으니라

For it is better to suffer for doing good, if this should be God's will, than for doing evil.

18 그리스도께서도 단번에 죄를 위하여 죽으사 의인으로서 불의한 자를 대신하셨으니 이는 우리를 하나님 앞으로 인도하려 하심이라 육체로는 죽임을 당하시고 영으로는 살리심을 받으셨으니

For Christ died for sins once and for all, a good man on behalf of sinners, in order to lead you to God. He was put to death physically, but made alive spiritually,

19 그가 또한 영으로 가서 옥에 있는 영들에게 선포하시니라

and in his spiritual existence he went and preached to the imprisoned spirits.

20 그들은 전에 노아의 날 방주를 준비할 동안 하나님이 오래 참고 기다리실 때에 복종하지 아니하던 자들이라 방주에서 물로 말미암아 구원을 얻은 자가 몇 명뿐이니 겨우 여덟 명이라

These were the spirits of those who had not obeyed God when he waited patiently during the days that Noah was building his boat. The few people in the boat—eight in all—were saved by the water,

21 물은 예수 그리스도께서 부활하심으로 말미암아 이제 너희를 구원하는 표니 곧 세례라 이는 육체의 더러운 것을 제하여 버림이 아니요 하나님을 향한 선한 양심의 간구니라

which was a symbol pointing to baptism, which now saves you. It is not the washing away of bodily dirt, but the promise made to God from a good conscience. It saves you through the resurrection of Jesus Christ,

22 그는 하늘에 오르사 하나님 우편에 계시니 천사들과 권세들과 능력들이 그에게 복종하느니라

who has gone to heaven and is at the right-hand side of God, ruling over all angels and heavenly authorities and powers.

넘어가는 것을 성경은 '도리어 복을 빌라'고 말하고 있다. **복을 빌라 이를 위하여 너희가 부르심을 받았으니.** '악에 악을 주는 것'이 아니라 '악에 복을 주는 것'이다. '비방이 들어오면 칭찬'을 하고 '악담이 들어오면 축복'을 하는 것이다. 와우! 어찌 그렇게 할 수 있을까? 그렇게 할 수 있다. 우리 안에 예수님이 계시기 때문이다. '악에 악으로 대하면' 그것으로 끝나는 것이 아니라 '악으로 대하면 악을 상속할 것'이다. '악에 복으로 대하면' 복을 상속할 것이다. 악은 악을 낳고 복은 복을 낳기 때문이다. 상대방이 악을 행하였다고 우리의 악이 정당화될 수 없다. 우리가 조금 덜 악하다고 정당화될 수 없다. 우리는 악인이 아니라 의인이 되어야 한다.

3:12 주의 눈은 의인을 향하시고. 하나님의 눈이 의인을 향하신다. 따스한 눈으로 보시고 돌보신다. 하나님의 귀는 의인의 기도를 들으신다. **악행하는 자들을 대하시느니라.** 악인을 향해서는 맞서신다. 벌을 주신다. 그렇다면 신앙인은 어떠한 사람이 되어야 하겠는가? 나에게 악을 행하는 사람 때문에 나도 악을 행하여 하나님의 적이 될 것인가? 아니면 선을 행하여 하나님의 사랑의 대상이 될 것인가? 악한 사람을 보면 적대하고 싶지만 하나님을 생각하면 당연히 의를 행하는 사람이 되어야 하지 않을까?

3:13 선을 행하면 누가 너희를 해하리요. 이것은 수사적 질문이다. 악 속에서 끝까지 선을 행하면서 살면 계속 손해만 될 것 같다. 그러나 어떤 것도 의인을 해할 수 없다. 이것을 명심하라. 때로 어떤 문제는 우리에게 진짜 해를 끼칠 것 같다. 죽을 것 같다. 그러나 어떤 것도 우리를 넘어지게 할 수 없다. '해로움'은 어떤 결정적인 해로운 것 만을 의미하지 않는다. 그 문제가 우리를 조금이라도 나쁜 생각이나 길로 가게 만들 수 없다는 것을 말한다. 악은 우리를 손톱만큼도 무너뜨릴 수 없다.

3:14 의를 위하여 고난을 받으면 복 있는 자니. 자주 있는 일은 아니지만 '신앙의 길'

에 집중하여 가면 그것 때문에 고난을 받을 수 있다. 세상은 진리가 편안을 보장하지는 않는다. 그러나 분명한 것은 혹시 고난을 받는다 할지라도 그 고난조차도 '복'이 된다는 것이다. 그러니 실제적인 해로움은 결코 없다. 손톱 하나라도 나쁘게 영향을 미칠 수 없다. 중요한 것은 자신의 마음을 지키는 것이다. 세상의 그러한 위협 때문에 자신의 마음이 무너지면 무너진 곳으로는 어떤 나쁜 악당들도 쉽게 들어올 수 있다. 그러면 수많은 해 될 일을 자신이 행하게 된다. 그러기에 '세상 사람들이 두려워하는 것'(그들이 두렵게 하는 것)을 우리는 두려워하지 말아야 한다.

3:15 너희 속에 있는 소망에 관한 이유를 묻는 자에게. 세상이 주는 고난에 우리 안에 분노가 쌓이지 않게 해야 한다. 우리가 세상이 주는 고난에도 불구하고 두려워하지 않고 꿋꿋이 믿음의 길, 사랑의 길을 가면 세상 사람들이 이상하게 여겨 "대체 무엇 믿고 그렇게 여유 있습니까?"라고 물을 수 있다. 그때 우리는 우리의 믿음에 대해 말할 수 있을 것이다. 그런데 우리 안에 세상이 주는 고난에 대해 분노를 쌓고 있으면 세상 사람들에게 우리의 '소망'이 보이지도 않을 뿐만 아니라 혹 그들이 그렇게 물을 때 우리 안의 분노가 나올 것이다. 세상이 주는 고난에 분노를 쌓지 말라. 그래야 세상이 물어볼 때 우리는 '온유'함으로 대답할 수 있다.

3:18 육체로는 죽임을 당하시고 영으로는 살리심을 받으셨으니. 고난을 받았으나 결코 해를 당하지 않으신 본보기를 보라. 예수님은 참으로 큰 고난을 당하셨다. 참으로 부당한 고난이다. 그러나 예수님은 그 고난으로부터 결코 해를 당하지 않으셨다. 예수님은 그 고난으로 인류를 구원하셨으며 하나님께로 인도하셨다. 육으로 죽임을 당하셨으나 부활하셨다. 예수님의 죽으심과 부활하심은 모든 시대의 모든 사람들에게 의로운 고난의 정당함과 복을 선포하신다.

3:19 옥에 있는 영들에게 선포하시니라. '옥에 있는 영혼'이라는 구절 때문에 이것을

흔히 '예수님의 지옥강하'라고 표현하며 사도신경에도 들어가 있는 경우도 있다. 이 구절이 어렵다. 그러나 '지옥강하'는 성경의 다른 모든 구절과 조화되지 않는다. 오늘 문맥에서도 아주 엉뚱한 해석이다. 이 구절은 '노아 시대 때의 불신앙인들이 베드로가 말씀을 선포할 당시에는 지옥에 있기' 때문에 그렇게 표현하고 있는 것일 것이다. 노아는 그 시대의 고난을 넘어 해를 당하지 않고 승리하였다.

3:21 세례...하나님을 향한 선한 양심의 간구니라. 신앙인은 세례받은 사람들이다. 세례는 몸을 씻는 행위가 아니다. 세례는 하나님을 향한 거룩한 고백이다. 약속이다('간구'를 약속으로 번역할 수 있다). 세례는 나의 거듭남을 하나님과 사람 앞에 표현하며 약속하는 것이고 또한 하나님께서 그 사람을 보호하신다는 약속이기도 하다. 선한 양심으로 바르게 살겠다는 약속이며 간구이다. 고난으로 마음이 흔들릴 때에 이 약속을 기억해야 한다.

3:22 하나님 우편에 계시니. 예수님은 '하나님 우편'에서 권세를 가지고 우주를 통치하고 계신다. 모든 만물을 통치하신다. 심지어 악한 영들도 하나님의 통치를 벗어날 수 없다. 그러기에 누구도 신앙인을 해롭게 할 수 없다. 우리는 고난에 대해 두려워하지 않고 앞으로 나갈 수 있다.

베드로전서 4:1-19

1 그리스도께서 이미 육체의 고난을 받으셨으니 너희도 같은 마음으로 갑옷을 삼으라 이는 육체의 고난을 받은 자는 죄를 그쳤음이니

Changed Lives Since Christ suffered physically, you too must strengthen yourselves with the same way of thinking that he had; because whoever suffers physically is no longer involved with sin.

2 그 후로는 다시 사람의 정욕을 따르지 않고 하나님의 뜻을 따라 육체의 남은 때를 살게 하려 함이라

From now on, then, you must live the rest of your earthly lives controlled by God's will and not by human desires.

3 너희가 음란과 정욕과 술취함과 방탕과 향락과 무법한 우상 숭배를 하여 이방인의 뜻을 따라 행한 것은 지나간 때로 족하도다

You have spent enough time in the past doing what the heathen like to do. Your lives were spent in indecency, lust, drunkenness, orgies, drinking parties, and the disgusting worship of idols.

4 이러므로 너희가 그들과 함께 그런 극한 방탕에 달음질하지 아니하는 것을 그들이 이상히 여겨 비방하나

And now the heathen are surprised when you do not join them in the same wild and reckless living, and so they insult you.

5 그들이 산 자와 죽은 자를 심판하기로 예비하신 이에게 사실대로 고하리라

But they will have to give an account of themselves to God, who is ready to judge the living and the dead.

6 이를 위하여 죽은 자들에게도 복음이 전파되었으니 이는 육체로는 사람으로 심판을 받으나 영으로는 하나님을 따라 살게 하려 함이라

That is why the Good News was preached also to the dead, to those who had been judged in their physical existence as everyone is judged; it was preached to them so that in their spiritual existence they may live as God lives.

7 만물의 마지막이 가까이 왔으니 그러므로 너희는 정신을 차리고 근신하여 기도하라

Good Managers of God's Gifts The end of all things is near. You must be self-controlled and alert, to be able to pray.

8 무엇보다도 뜨겁게 서로 사랑할지니 사랑은 허다한 죄를 덮느니라

Above everything, love one another earnestly, because love covers over many sins.

4장

4:1 같은 마음으로 갑옷을 삼으라. 주님께서 엄청난 고난을 받으심으로 하나님의 뜻을 이루셨다. 그렇다면 우리는 어떻게 해야 할까? 우리도 고난을 각오해야 한다. 그렇게 고난을 각오하면 그 각오가 우리에게 '갑옷'이 될 것이다. 고난이라는 이름으로 날아오는 화살들을 막아낼 갑옷이다. 세상에서 신앙인으로 산다는 것은 많은 어려움을 동반한다. 신앙 때문에 고난을 당하면 더 위축되기 쉽다. 그러나 영광스러운 그리스도께서 고난을 받으셨다는 것을 생각하면 우리는 충분히 이길 수 있다. 그리스도께서 고난을 받으신 것은 우리의 구원을 위한 것이다. 우리의 고난도 우리의 구원과 이웃의 구원을 위해 유익하다. **육체의 고난을 받은 자는 죄를 그쳤음이니.** 믿음 때문에 육체의 고난을 받는자는 '죄'에서 더욱더 멀어질 것이다. 세상 사람들은 육체의 정욕을 위해 죄를 더 범하고 신앙인은 육체의 고난을 통해 죄를 더 멀리하게 된다. 믿음 때문에 육체의 고난까지 받으면서 죄를 범할 마음이 들겠는가? 죄는 보통 육체의 편의와 욕심을 위해 범하게 된다. 그러니 당연히 죄에서 더 멀어진다. 그렇게 고난까지 받고자 하는 강한 마음을 가지면 어느 순간 '많은 죄가 꼬리를 감추고 줄행랑'을 친 것을 알게 될 것이다. 육체의 고난은 작은 아픔이지만 죄가 도망을 간 것은 아주 큰 유익이다.

4:2 그 후로는...하나님의 뜻을 따라 육체의 남은 때를 살게 하려 함이라. '그 후로' 즉 믿음을 가진 이후에 완전히 다른 삶을 살게 된다. 이전에는 '정욕을 따르는 삶'으로서 인간의 추한 모습을 드러내는 삶이었다면 이제는 '하나님의 뜻'을 따라 살아 하나님을 영광하는 삶을 살게 된다.

4:4 방탕에 달음질하지 아니하는 것을 그들이 이상히 여겨 비방하나. 신앙인들이 그들의 죄에 동참하지 않는 것을 이상하게 여기는 것은 당연하다. 그들은 진리를 모르

9 서로 대접하기를 원망 없이 하고

Open your homes to each other without complaining.

10 각각 은사를 받은 대로 하나님의 여러 가지 은혜를 맡은 선한 청지기 같이 서로 봉사하라

Each one, as a good manager of God's different gifts, must use for the good of others the special gift he has received from God.

11 만일 누가 말하려면 하나님의 말씀을 하는 것 같이 하고 누가 봉사하려면 하나님이 공급하시는 힘으로 하는 것 같이 하라 이는 범사에 예수 그리스도로 말미암아 하나님이 영광을 받으시게 하려 함이니 그에게 영광과 권능이 세세에 무궁하도록 있느니라 아멘

Whoever preaches must preach God's messages; whoever serves must serve with the strength that God gives, so that in all things praise may be given to God through Jesus Christ, to whom belong glory and power for ever and ever. Amen.

12 사랑하는 자들아 너희를 연단하려고 오는 불 시험을 이상한 일 당하는 것 같이 이상히 여기지 말고

Suffering as a Christian My dear friends, do not be surprised at the painful test you are suffering, as though something unusual were happening to you.

13 오히려 너희가 그리스도의 고난에 참여하는 것으로 즐거워하라 이는 그의 영광을 나타내실 때에 너희로 즐거워하고 기뻐하게 하려 함이라

Rather be glad that you are sharing Christ's sufferings, so that you may be full of joy when his glory is revealed.

14 너희가 그리스도의 이름으로 치욕을 당하면 복 있는 자로다 영광의 영 곧 하나님의 영이 너희 위에 계심이라

Happy are you if you are insulted because you are Christ's followers; this means that the glorious Spirit, the Spirit of God, is resting on you.

15 너희 중에 누구든지 살인이나 도둑질이나 악행이나 남의 일을 간섭하는 자로 고난을 받지 말려니와

If any of you suffer, it must not be because you are a murderer or a thief or a criminal or a meddler in other people's affairs.

16 만일 그리스도인으로 고난을 받으면 부끄러워하지 말고 도리어 그 이름으로 하나님께 영광을 돌리라

However, if you suffer because you are a Christian, don't be ashamed of it, but thank God that you bear Christ's name.

고 심판을 모르기 때문이다.

4:5 산 자와 죽은 자를 심판. '산 자와 죽은 자'는 두 가지 해석이 가능하다. 1. 주님이 재림하실 때 살아 있는 자와 죽은 자. 2. 영생의 생명을 가진 사람과 영벌의 죽음을 가진 자. 고대 사람들은 '죽으면 다 끝이다'라는 사고를 가진 사람이 많았다. 의도 죄도 다 잊어버린다고 생각하였다. 그러나 죽는다고 끝이 아니다. 죽은 자라고 산 자와 다를 것이 없다. 모든 사람이 자신들의 삶을 하나님 앞에서 심판 받을 것이다. 신앙인은 자신의 삶이 심판 받는다는 사실을 믿기에 그것을 모르는 세상 사람들과는 당연히 다른 삶을 살게 된다.

4:7 만물의 마지막이 가까이 왔으니. 준비할 시간이 많지 않다. 지금은 종말 시대이기 때문에 지금 당장 주님이 오셔도 전혀 이상하지 않다. 그러기에 더욱 정신을 차리고 기도하면서 주님의 뜻을 찾아 삶을 살아야 한다. 달리기를 할 때 마지막이 가까우면 힘을 다하여 달린다. 우리는 힘을 다하여 달려야 한다. 노후준비를 하고 있는가? 가장 좋은 노후준비는 마지막까지 말씀을 한 구절이라도 더 읽고 깨달으며 온 마음으로 기도하며 순종하는 것이다.

4:8 서로 사랑할지니. 하나님의 뜻을 행하고자 한다면 무엇보다 '사랑'해야 한다. **사랑은 허다한 죄를 덮느니라.** 두가지 해석 가능성이 있다. 1. 사랑하는 사람의 죄를 하나님께서 용서하여 주신다는 것이다. 2. 사랑하고자 한다면 다른 사람의 죄를 용서해야 한다는 것이다. 둘 다 포함할 수도 있으며 2번이 조금 더 보편적 해석이다. 사랑한다 할 때 주의해야 할 것이 있다. 사랑하고자 하는데 '자꾸 상대방의 죄'가 보여 더 사랑하지 못하는 경우가 있다. 사랑은 죄 없는 사람을 사랑하는 것이 아니라 죄 많은 사람의 허물을 덮어주고 채워주는 것이다. 죄를 감추는 것이 아니라 상처를 덮듯이 덮어주어 치유되게 하는 것이다. 그 사람이 죄를 이기 도록 말이다. 많은

17 하나님의 집에서 심판을 시작할 때가 되었나니 만일 우리에게 먼저 하면 하나님의 복음을 순종하지 아니하는 자들의 그 마지막은 어떠하며

The time has come for judgement to begin, and God's own people are the first to be judged. If it starts with us, how will it end with those who do not believe the Good News from God?

18 또 의인이 겨우 구원을 받으면 경건하지 아니한 자와 죄인은 어디에 서리요

As the scripture says: "It is difficult for good people to be saved; what, then, will become of godless sinners?"

19 그러므로 하나님의 뜻대로 고난을 받는 자들은 또한 선을 행하는 가운데에 그 영혼을 미쁘신 창조주께 의탁할지어다

So then, those who suffer because it is God's will for them, should by their good actions trust themselves completely to their Creator, who always keeps his promise.

허물이 보여도 인내하며 용납하며 사랑해야 한다.

4:9 대접하기를 원망 없이 하고. 호의를 베풀다 보면 '원망'이 생길 수 있다. 나만 수고하는 것 같이 보일 수 있다. 호의를 베풀 때 나에게 돌아올 것이 없는 나그네나 가난한 사람에게 호의를 베푸는 것인데 그러다 보면 지칠 수 있고 나는 받는 것이 없으니 불평할 수 있다. 그러나 대접할 수 있다는 것은 내가 대접할 것을 가지고 있다는 것이기에 얼마나 감사한 일인가? 돌려받지 못하면 더 좋은 것이다. 나만 손해보는 것 같다고 생각하면 거꾸로 생각하고 있는 것이다. 나만 이익보고 있는 것이다. 그러니 내가 누군가에게 호의를 베풀 때 그런 가난한 사람이 내 옆에 있고 내 호의를 받을 수 있는 사람이 옆에 있다는 사실에 불평하지 말고 감사하라.

4:10 청지기 같이 서로 봉사하라. 신앙인은 자신이 가진 것이 철저히 하나님의 선물인 것을 믿는다. 그것은 내가 호의호식하며 자랑하도록 주신 것이 아니라 이웃에게 봉사하도록 주어진 것이다. 내가 무엇인가를 더 가졌고 더 잘하는 것은 내가 잘나서가 아니라 단지 받은 것이며 맡아서 관리하는 청지기일 뿐이다. 하나님께서 각 사람에게 다양한 은사를 주신 것은 혼자 사는 것이 아니라 함께 살며 서로 봉사하도록 하기 위함이다. 그래서 사람은 서로서로에게 봉사해야 한다. 그렇게 하지 않으면 그는 청지기가 아니라 도둑이다.

4:11 하나님이 영광을 받으시게. 우리는 하나님의 입이 되고, 하나님의 손이 되며, 하나님의 힘으로 살아가야 한다. 우리의 하는 모든 일을 통해 하나님이 일하심이 보여야 한다. 우리의 소원은 우리를 통해 하나님이 보이는 것이다. 하나님이 영광 받으시는 것이다.

4:12 불 시험. '불 시험'으로 번역한 단어는 실제로 '불로 태우는 것'을 의미한다. 불

에 타는 것 같은 아주 어려운 일을 당한 것을 '불 시험'으로 표현한 것이다. 불로 정제하는 과정을 그림언어로 말한 것이다. 높은 온도를 가해야 은이나 금 등이 정제되어 순수한 은과 금이 된다. 그것처럼 사람에게 불을 세게 가하는 것과 같은 일을 통해 우리의 믿음을 순도 높게 만든다는 의미다. 이 불 시험은 어쩌면 소아시아 지역에서 일어나는 많은 박해일 수 있다. 어쩌면 로마에서 일어나는 순교를 생각하고 있는 것일 수도 있다. 그러한 박해나 순교는 참으로 가슴 아픈 일이다. 그런데 베드로는 그것을 이상하게 여기거나 놀라지 말고 당연한 일들이 일어나고 있는 것이라 말한다. 사람들은 '부당한 고난'을 당하면 때로는 난리가 난다. 고난이 없어지도록 기도하고, 하나님을 원망하고, 하나님께서 자신에게 왜 그런지 모르겠다고 말한다. 그러나 부당한 고난은 우리의 신앙 여정에서 당연한 것이라는 사실을 꼭 기억할 필요가 있다. 그래야 그러한 일을 당하였을 때 우왕좌왕하지 않고 우리가 가야 하는 길을 꿋꿋하게 갈 수 있다.

4:13 그리스도의 고난에 참여하는 것으로 즐거워하라. 13절 안에서만 '기뻐하라'는 동사가 두 번이나 사용되었다. 고난을 기뻐하는 것이 이상하다. 그러나 그 고난이 '그리스도의 고난에 참여하는 것'이기 때문에 기뻐하는 것이 마땅하다. 우리가 그리스도의 고난에 참여한다는 것은 영광이다. 큰 대기업 회장님이 비 오는 날 우산이 없어 비 맞고 걷고 있을 때 그 회사 직원이 가다가 그것을 보고 자신의 우산을 받쳐주면서 함께 걸었다. 우산이 하나이니 그 사원도 비를 맞았다. 그러나 큰 영광으로 생각할 것이다. 속으로 기쁠 것이다. 그리스도의 고난은 우리의 구원을 위한 것이었다. 가장 크게는 '우리의 죄를 사하시기 위함'이었다. 우리는 주님처럼 '대속의 고난'을 겪을 수는 없다. 그러나 그리스도의 구원 사역에 참여하는 고난은 가능하다. 주님 재림하실 때 우리가 이 땅에서 그리스도의 고난에 참여한 것이 얼마나 영광스러운 일인지를 알게 되고 크게 기뻐할 것이다. 고난 중에 기뻐할 때는 그 기쁨까지는 이르지 못하여도 그것을 생각하면서 이 땅에서도 기뻐할 줄 알아야 한다.

4:14 그리스도의 이름으로 치욕을 당하면 복 있는 자로다. '치욕을 당하는 것'은 '가혹한 비난을 받는 것'을 말한다. 그런 일을 겪으면 마음이 많이 아프다. 잠도 안 온다. 그런데도 그런 일이 필요한 것일까? 그렇다. 필요한 정도가 아니라 매우 필요하다. **하나님의 영이 너희 위에 계심이라.** 하나님의 영이 특별히 임재하시는 것을 의미한다. 사랑하시기에, 우리가 아픈 것이 안쓰러우셔서 우리를 향해 모든 사랑으로 보신다. 임재하신다. 우리 자녀가 아파 울면 우리가 가슴으로 안아주듯 말이다. 하나님의 임재는 우리가 이 땅에서 얻는 모든 것보다 더 위대하고 소중하다.

4:15-16 악한 일로 당하는 고난은 피해야 한다. 그러나 믿음의 고난은 하나님께 영광이 된다. 믿음의 고난은 미래의 심판 때에 영광이 될 것이다.

4:17 만일 우리에게 먼저 하면. 신앙인들이 이 땅에서 당하는 고난에 대한 이야기다. 신앙인에게 이 땅에서의 고난은 미래의 심판을 받기에 앞서 이 땅에서 미리 훈련하고 준비하는 것이다. 어떤 면에서는 미리 심판을 받는 것이기도 하다. 사람의 죄로 인하여 본래 받아야 하는 심판은 영원한 형벌이다. 지옥이다. 그런데 이 땅에서 시험을 통해 우리의 믿음이 훈련을 받는다. 고난이라는 모양의 시험은 미래의 형벌에 비해 비교도 할 수 없을 정도로 작은 아픔이다. 시험을 통해 믿음의 가짜를 구분하고 진실한 믿음으로 거듭난다면 그 시험만큼 값진 것이 어디 있을까?

4:18 의인이 겨우 구원을 받으면. '겨우'를 강조하고 있다. '의인이 겨우 구원을 받는다'고 말할 때 '겨우'는 '매우 어렵게'라는 뜻이다. 믿음의 사람이 구원의 길을 가기 위해 매우 어려운 일을 많이 겪는다. 많은 고난을 겪으면서 믿음이 '연단'되어 믿음이 세워지고 구원받게 된다. '연단'은 '불로 달구고 또 때려서 단단하게 만드는 것'을 의미한다. 불로 달구기만 하는 것이 아니라 때리고 또 때려서 필요한 물건을 만

든다. 신앙인의 믿음도 참으로 귀한 것이어서 그렇게 연단되어 만들어진다. **경건하지 아니한 자와 죄인은 어디에 서리요.** 반문하고 있다. 인생을 살면서 믿음이 연단되지 않은 사람은 결코 구원의 자리에 서지 못한다. 그렇다면 우리가 이 땅에서 연단을 받는 것은 참으로 감사하고 감사한 일이다. 구원이 얼마나 중요한지를 아는 사람은 그럴 것이다.

주님을 따라 사는 사람을 제자라 말한다. 제자가 주님의 길을 따라갈 때 힘든 것이 '고난'일 것이다. 그것은 마치 함께 길을 가다 높은 산을 오르는 것과 같다. 숨을 몰아쉬며 따라가야 한다. 그러나 높은 산에 오르면 아주 멋진 풍광이 펼쳐지듯 주님을 따라가며 겪는 고난은 우리에게 믿음의 최고 증거가 될 것이다. 영광이 될 것이다. 제자도의 최고봉이 된다. 고단한 삶은 더 이상 우리의 슬픔이 되지 못한다. 신앙인의 고단한 삶은 오히려 기쁨의 이유가 된다. 산이 높을수록 더 영광이 된다. 고난이 클수록 믿음은 더욱더 연단 될 것이다. 제자도의 최고봉인 고난을 기쁨으로 걸어가는 우리가 되기를 기도한다.

4:19 힘들면 힘들수록 우리는 하나님 앞에 겸손하고 의지해야 한다. 힘들다고 고난을 피하는 방법만 찾으면 안 된다. 힘들어도 끝까지 선을 지키며 하나님을 의지하여 이겨야 한다. 신앙인에게 고난의 끝은 어두운 동굴 끝이 아니라 터널을 지나 환한 빛이다. 하나님을 의지하라. 그것 만이 답이며 그것 만이 영광이다.

베드로전서 5:1-14

1 너희 중 장로들에게 권하노니 나는 함께 장로 된 자요 그리스도의 고난의 증인이요 나타날 영광에 참여할 자니라

The Flock of God I, who am an elder myself, appeal to the church elders among you. I am a witness of Christ's sufferings, and I will share in the glory that will be revealed. I appeal to you

2 너희 중에 있는 하나님의 양 무리를 치되 억지로 하지 말고 하나님의 뜻을 따라 자원함으로 하며 더러운 이득을 위하여 하지 말고 기꺼이 하며

to be shepherds of the flock that God gave you and to take care of it willingly, as God wants you to, and not unwillingly. Do your work, not for mere pay, but from a real desire to serve.

3 맡은 자들에게 주장하는 자세를 하지 말고 양 무리의 본이 되라

Do not try to rule over those who have been put in your care, but be examples to the flock.

4 그리하면 목자장이 나타나실 때에 시들지 아니하는 영광의 관을 얻으리라

And when the Chief Shepherd appears, you will receive the glorious crown which will never lose its brightness.

5 젊은 자들아 이와 같이 장로들에게 순종하고 다 서로 겸손으로 허리를 동이라 하나님은 교만한 자를 대적하시되 겸손한 자들에게는 은혜를 주시느니라

In the same way you younger people must submit to your elders. And all of you must put on the apron of humility, to serve one another; for the scripture says, "God resists the proud, but shows favour to the humble."

6 그러므로 하나님의 능하신 손 아래에서 겸손하라 때가 되면 너희를 높이시리라

Humble yourselves, then, under God's mighty hand, so that he will lift you up in his own good time.

7 너희 염려를 다 주께 맡기라 이는 그가 너희를 돌보심이라

Leave all your worries with him, because he cares for you..

8 근신하라 깨어라 너희 대적 마귀가 우는 사자 같이 두루 다니며 삼킬 자를 찾나니

Be alert, be on the watch! Your enemy, the Devil, roams round like a roaring lion, looking for someone to devour.

5장

5:1 장로. 교회의 지도자들에 대한 통칭이다. 여기에서는 뒷부분을 보면 오늘날 목사들에게 하는 말로 보인다. 외부적 환경의 어려움과 고난이 많았으나 베드로는 다시 교회 리더와 교회 이야기로 돌아온다. 교회가 중요하기 때문이다. 세상 문제가 아무리 커도 큰 문제가 아니다. 큰 문제는 오직 교회다. 구원의 이야기다. 그래서 베드로는 다시 교회에 대한 이야기를 한다.

5:2-3 이 부분을 칼빈은 '목사들에게 게으름, 탐욕, 권력욕을 제어할 것을 말하는 말씀'이라 한다. **억지로 하지 말고 자원함으로 하며.** 교회의 일은 참으로 영광스러운 일이다. 구원의 일로 목숨이 달린 일이다. 그런 일을 자발적으로 부지런히 더 찾아 해야지 억지로 하고 있다면 얼마나 큰 잘못인지 모른다. 장로의 게으름은 자신의 게으름으로 끝나지 않고 많은 이들의 구원과도 연결되기 때문에 참으로 중요하다. **더러운 이득이 아니라 기꺼이 하며.** '더러운 이득'이라는 것은 무엇인가를 함으로 자기 욕심을 채우는 것을 말한다. 오늘날 목사들은 목회를 통해 자신의 탐욕을 채우고 있는 것은 아닌지 심각하게 살펴야 한다. 명분은 교회 부흥이지만 실제로는 부흥을 통해 '더러운 이익'을 얻는 경우가 많다. 그러한 이익이 아니라 순결한 열정으로 해야 한다. 교회나 리더가 쓸데없이 더 많이 소유하기만 한다면 죄악이다. **맡은 자들에게 주장하는 자세를 하지 말고.** 장로가 감독하는 자리에 있다 하여 그 권력으로 주장하는 자세를 한다면 교회는 바르게 설 수 없다. 이 세 가지는 모두 헬라어 구문상 강조된 문장이다.

5:4 영광의 관. 목자장이신 주님의 마음으로 목자의 일을 잘 감당하면 목자장이 오시면 '영광의 관'을 주실 것이다. 이 당시 전쟁에서 이기고 오는 장군이나 운동 선수가 1등을 하면 월계수 잎으로 관을 만들어 머리에 씌워주었다. 사람들은 그것을

9 너희는 믿음을 굳건하게 하여 그를 대적하라 이는 세상에 있는 너희 형제들도 동일한 고난을 당하는 줄을 앎이라

Be firm in your faith and resist him, because you know that your fellow-believers in all the world are going through the same kind of sufferings.

10 모든 은혜의 하나님 곧 그리스도 안에서 너희를 부르사 자기의 영원한 영광에 들어가게 하신 이가 잠깐 고난을 당한 너희를 친히 온전하게 하시며 굳건하게 하시며 강하게 하시며 터를 견고하게 하시리라

But after you have suffered for a little while, the God of all grace, who calls you to share his eternal glory in union with Christ, will himself perfect you and give you firmness, strength, and a sure foundation.

11 권능이 세세무궁하도록 그에게 있을지어다 아멘

To him be the power for ever! Amen.

12 내가 신실한 형제로 아는 실루아노로 말미암아 너희에게 간단히 써서 권하고 이것이 하나님의 참된 은혜임을 증언하노니 너희는 이 은혜에 굳게 서라

Final Greetings I write you this brief letter with the help of Silas, whom I regard as a faithful fellow-Christian. I want to encourage you and give my testimony that this is the true grace of God. Stand firm in it.

13 택하심을 함께 받은 바벨론에 있는 교회가 너희에게 문안하고 내 아들 마가도 그리하느니라

Your sister church in Babylon, also chosen by God, sends you greetings, and so does my son Mark.

14 너희는 사랑의 입맞춤으로 서로 문안하라 그리스도 안에 있는 너희 모든 이에게 평강이 있을지어다

Greet one another with the kiss of Christian love. May peace be with all of you who belong to Christ.

위해서도 많은 수고를 하였다. 그러나 주님이 오시면 '시들지 아니하는 영광의 관'을 주신다고 말씀한다. 그러기에 목자는 목자장의 마음을 따라 목양해야 한다. 양들에게 무슨 대가를 바라서는 안 된다. 오직 목자장이 영광의 관을 주실 것이다.

5:5 겸손으로 허리를 동이라. '겸손'은 '남을 높이고 자신을 낮추는 자세'다. 사람들은 기본적으로 '자신을 높이고 남을 낮추는' 경향이 강하다. 교회에서도 그러하다. 그래서 교회의 리더십을 받아들이지 않고 자신의 고집을 부릴 때가 많다. 그러면 결국은 하나님의 목양을 받을 수 없게 된다. 젊은이들이 교회 리더에게 순종하는 것은 목자장이신 주님께 순종하는 마음으로 해야 한다. 교만한 사람은 다른 사람을 얕잡아 봄으로 하나님까지 얕잡아보는 결과를 맞게 된다. 하나님께서 사람들을 통해 역사하시기 때문이다. 교만한 사람은 하나님을 대적하게 되고 하나님의 통치가 그 사람 안에 임할 공간이 없어지게 된다. 그래서 성도는 하나님의 목양을 받아들이기 위해 '양'이 되어야 한다. 교회 리더자의 목양을 따라 길을 걸어가야 한다. 서로 겸손으로 허리를 동이라. 리더에게만 아니라 성도들 간에도 심지어는 자신을 핍박하는 세상 사람을 향해서까지 겸손한 마음을 가질 것을 말씀하는 것이다. 우리는 그렇게 다른 사람을 높이고 자기 자신을 낮추는 겸손한 삶이 필요하다. 낮아지는 것은 힘들다. 세상이 나를 낮추는 것이 억울한데 그곳에서 더 낮추는 것은 더 힘들다. 그러나 신앙인이 세상의 핍박에서도 여전히 가야 할 길은 겸손이다.

5:6 때가 되면 너희를 높이시리라. 신앙인은 자기 자신을 낮추는 일에 힘을 써야 한다. 그러면 때가 되었을 때 하나님께서 높이신다고 말씀한다. 자기가 자신을 높이는 사람은 불행한 사람이다. 그러나 하나님께서 높여 주시면 복된 사람이다. 그러니 우리가 해야 하는 일은 자신을 높이는 것이 아니라 낮추는 것이다.

5:7 염려를 다 주께 맡기라. '염려한다'는 것은 하나님의 목자되심을 부정하는 것이

다. 또한 내가 하나님의 양이라는 사실을 부정하는 것이다. 우리는 염려할 것이 아니라 우리의 갈 길을 오직 하나님께 맡기고 따라가기만 하면 된다. **그가 너희를 돌보심이라.** 하나님께서 우리의 목자이시다. 고난을 만나면 당장 내 눈에 보기에 이상하게 보여도 사실 그것이 우리를 살리는 길일 수 있다. 그러기에 어떤 일을 만날까 염려하고 힘든 길을 만났다고 염려할 것이 아니라 모든 것을 하나님을 신뢰하는 마음으로 하나님께 맡기고 묵묵히 목자장이신 주님을 따라가야 한다.

5:8 깨어라. 대상이 중요하다. 무엇에 깨어 있어야 할까? '악마'다. 악마는 '포효하는 사자'같이 강한 힘을 가지고 돌아다니면서 먹을 거리를 찾는다. 먹을 거리를 찾아 잡으면 한 번에 삼켜버린다. 세상에서 우리를 넘어지게 하는 문제를 걱정할 필요는 없다. 그러나 우리를 영원한 나락으로 떨어지게 하는 사탄에 대해서는 깨어 있어야 한다. 사람들이 세상의 것에는 깨어 있어 매우 민감하다. 그런데 악한 영에게는 깨어 있지 못하여 구분도 하지 못하는 경우를 많이 본다. **마귀가 우는 사자 같이 두루 다니며.** 정신 바짝 차려야 한다. 고난이 있으면 사람들은 본능적으로 고난을 피하려고 자충수를 두기 쉽다. 거짓을 쉽게 받아들이기 쉽다. 거짓의 길로 가기 쉬운 환경을 '마귀가 우는 사자 같이 두루 다니는'것으로 표현한다. 나를 잡아먹으려는 사자를 본적 있는가? 마귀는 늘 우리를 잡아먹기를 원한다. 그래서 늘 위험하다. 고난의 때는 더 위험하다. 고난 때문이 아니라 고난을 사람들이 두려워하고 마음이 약해지기 때문이다.

5:9 믿음을 굳건하게. 우리가 마귀를 대적하는 방식은 마귀와 싸우는 것이 아니다. 자신의 불신앙과 싸우는 것이다. 우리가 마귀를 직접 대적하면 이길수 있는 방법이 없다. 마귀는 매우 강하다. 우리가 마귀와 싸우는 방법은 하나님을 의지하는 믿음을 굳건히 하는 것이다. 그러면 마귀는 결코 가까이할 수 없다. 고난의 때에 고난에 집중하면 마귀와 싸우는 결과를 낳는다. 고난이 너무 힘들고 무서워서 물불 안 가

리고 고난을 피하고자 하여 거짓이라도 선택하게 되는데 바로 그것이 마귀에게 잡혀 먹히는 지름길이다. 오직 하나님을 의지하여야 한다. 하나님께서 말씀하신 진리의 길을 의지해야 한다. **세상에 있는 너희 형제들도 동일한 고난을 당하는 줄을 앎이라.** 베드로전서의 수신자인 교회들만이 아니라 편지를 보내고 있는 베드로가 속한 로마교회도 고난을 당하고 있고 다른 모든 지역의 교회들도 고난을 당하고 있다. 신앙인은 모두 세상에서 '나그네'이기 때문이다. 모든 지역과 모든 시대의 그리스도인들이 고난을 당한다. 그러기에 나만 고난을 당한다 생각하지 말고 모든 신앙인은 당연히 고난을 겪으며 산다는 것을 알아야 한다.

5:10 잠깐 고난. '잠깐'이 강조된 문장이다. 이 땅에서 고난을 당하는 것은 지극히 '잠시'다. 영원한 영광 가운데 사는 것은 '영원'하다. 지금은 고난에 취약하고 나약한 것 같지만 나약해서가 아니라 그것이 우리를 '굳건하게 하시며 강하게 하시며 터를 견고하게 하시는' 주님의 사역이다. 고난의 과정은 또한 우리를 영원토록 강하게 할 것이다. 그러기에 고난에서 믿음을 보고 믿음의 주되신 하나님을 온전히 바라보는 기회로 삼아야 한다.

5:12 실루아노. 편지의 전달자. **너희는 이 은혜에 굳게 서라.** 보통 '은혜'는 '자격없는 자가 받는 하나님의 사랑"을 말하는 경우가 많다. 또한 '선물'을 의미할 때도 있다. 나는 두 번째의 의미로 본다. 베드로는 지금 그가 편지에서 계속 말한 '나그네로서 받는 고난'에 대해 '선물'이라 말하고 있는 것이다. 고난에 대해 '간단히 써서 권하고' '이것이 하나님의 참된 은혜(선물)'임을 증언한다고 말한다. 고난은 실제적으로는 '하나님의 선물'이다. 고난이 '믿음의 연단'이 되어 믿음이라는 열매를 맺는다. 그리스도인의 고난은 하늘 유업과 영광과 직접적인 연관성이 있다. 비례한다. 그래서 고난은 참으로 선물이다. 그리스도의 고난이 모든 믿는 자에게 구원이라는 선물을 주었듯이 신앙인의 모든 고난은 엄청난 선물로 이어진다.

5:14 평강이 있을지어다. 이제 베드로는 소아시아 지역 교인들에게 '평강이 있을지어다'라고 담대히 말하며 인사할 수 있다. '평강'(에이레네)은 히브리어로는 '샬롬'이다. 나는 '평강'보다는 '평화'가 더 나은 번역이라 생각한다. '평강'(걱정이나 탈이 없음)은 개인적인 평온한 상태라면 '평화'(전쟁, 분쟁 또는 일체의 갈등이 없이 평온함)는 다른 것들과 조화의 관계를 담을 수 있는 단어이기 때문이다. 이 단어는 가장 중요하게는 하나님과의 관계 회복의 상태를 의미하며 나아가 자기 자신과의 관계, 이웃과의 관계, 환경과의 관계까지 관계가 잘 맺어진 상태를 의미한다.

고난이 거세게 몰아치면 사람들은 하나님과의 관계를 잃는 경향이 있다. 그러나 신앙인은 고난이라는 거센 파도가 치면 하나님과의 관계를 더욱더 굳세게 해야 한다. 평화해야 한다. 배를 타고 가다 폭풍우를 만나면 배를 단단히 붙잡아야 하는 것과 같다. 고난의 때가 되면 걱정 때문에 자신과의 관계가 깨지는 경우가 많다. 그러나 두려워하지 말고 자기 자신 안에서 자신과의 관계를 잘 맺어서 평강을 이루어야 한다. 또한 고난이 있으면 다른 사람을 돌아볼 여력이 없고 고난을 주는 사람을 향해 미워하는 마음을 갖기 쉽다. 그러나 고난이 무엇인지를 지금까지 잘 살펴보았다면 이제는 고난을 주는 환경에서 평안할 수 있고 고난을 주는 사람들까지 사랑할 수 있다는 것을 볼 수 있다. 세상을 향해 긍정하며 웃으며 살 수 있다. 그래서 고난 속에서도 모든 관계가 평화를 이룰 수 있다.

베드로후서

1.시대

베드로는 60년대 초반에 베드로전서를 기록하였다. 로마 대화재(64년) 이후 네로는 대박해를 시작하였으며 그 기간에 베드로후서를 쓴 이후 로마에서 순교하였다.

2. 내용

베드로는 베드로후서를 기록하고 얼마 지나지 않아 순교한다. 아마 베드로는 그의 죽음을 직감하고 있었던 듯하다.

베드로후서는 죽음을 직감하며 쓴 서신이다. "나도 나의 장막을 벗어날 것이 임박한 줄을 앎이라"(1:14) 죽음을 앞두고 그는 성도들에게 무엇을 당부하였을까? 만약 당신의 삶이 얼마 남지 않았다면 당신은 무엇을 생각하겠는가? 죽음을 앞두고 있다면 당신에게 중요한 것은 무엇일까? 생각해 보라. 죽음을 앞두고 있다고 가정해 보면서 베드로후서를 읽어보라.

베드로후서에서 가장 중요한 단어는 '신적 성품(믿음,탁월한 도덕 성품,지식,절제,인내,경건,형제우애,사랑)'이다. 베드로후서는 죽음이 중요한 것이 아니라 하나님 앞에 나갈 때 가지고 갈 신적성품이 중요하다고 말한다. 죽음이 앞에 있으니 그동안 신적성품을 조금이라도 더 이루지 못한 것이 아쉬웠을 것이다. 그래서 편지의 수신자들에게 신적 성품을 더 이루어 갈 것을 강력하게 권면한다.

1 예수 그리스도의 종이며 사도인 시몬 베드로는 우리 하나님과 구주 예수 그리스도의 의를 힘입어 동일하게 보배로운 믿음을 우리와 함께 받은 자들에게 편지하노니

From Simon Peter, a servant and apostle of Jesus Christ—To those who through the righteousness of our God and Saviour Jesus Christ have been given a faith as precious as ours:

2 하나님과 우리 주 예수를 앎으로 은혜와 평강이 너희에게 더욱 많을지어다

May grace and peace be yours in full measure through your knowledge of God and of Jesus our Lord.

3 그의 신기한 능력으로 생명과 경건에 속한 모든 것을 우리에게 주셨으니 이는 자기의 영광과 덕으로써 우리를 부르신 이를 앎으로 말미암음이라

God's Call and Choice God's divine power has given us everything we need to live a truly religious life through our knowledge of the one who called us to share in his own glory and goodness.

4 이로써 그 보배롭고 지극히 큰 약속을 우리에게 주사 이 약속으로 말미암아 너희가 정욕 때문에 세상에서 썩어질 것을 피하여 신성한 성품에 참여하는 자가 되게 하려 하셨느니라

In this way he has given us the very great and precious gifts he promised, so that by means of these gifts you may escape from the destructive lust that is in the world, and may come to share the divine nature.

5 그러므로 너희가 더욱 힘써 너희 믿음에 덕을, 덕에 지식을,

For this very reason do your best to add goodness to your faith; to your goodness add knowledge;

6 지식에 절제를, 절제에 인내를, 인내에 경건을,

to your knowledge add self-control; to your self-control add endurance; to your endurance add godliness;

7 경건에 형제 우애를, 형제 우애에 사랑을 더하라

to your godliness add Christian affection; and to your Christian affection add love.

8 이런 것이 너희에게 있어 흡족한즉 너희로 우리 주 예수 그리스도를 알기에 게으르지 않고 열매 없는 자가 되지 않게 하려니와

These are the qualities you need, and if you have them in abundance, they will make you active and effective in your knowledge of our Lord Jesus Christ.

1장

믿음에 대해 말한다.

1:1 동일하게 보배로운 믿음. 믿음은 특별한 누군가의 것이 아니라 모든 믿는 사람 안에서 빛나는 보배다. '예수 그리스도의 의를 힘입어' 믿음의 공동체가 형성되었다. 믿음의 공동체는 죄를 씻고 '의의 나라'를 이루어 가는 사람들이다. '죄의 나라'가 아니다. 믿음의 공동체라 하면 이제 그리스도의 의를 힘입어 따라 사는 사람들이다.

1:3 경건. 믿음의 사람은 '의의 나라'를 이루어 가야 한다. "우리가 경건한 삶을 살아가는데 필요한 모든 것을 하나님께서 신적 능력으로 주셨습니다. 그것은 우리를 그의 영광과 선함에 동참하도록 우리를 부르신 그 분을 아는 지식을 통해서 임합니다."(3절 GNB 해석) 우리가 믿음을 가졌다는 것은 이제 '경건한 삶을 살아갈 능력'을 가졌다는 의미다. '경건'이란 '하나님을 으뜸으로 하며 하나님께 초점을 맞춘 하나님을 닮아가는 삶'이다. 하나님께서 의의 나라로 부르시고 의의 백성으로 살아갈 모든 것을 주셨다. 하나님께서 그 백성을 그렇게 살게 하셔서 '하나님의 영광과 선함(탁월한 도덕적 성품)'을 나누어 주시고 참여자가 되게 하신다.

1:4 약속. 신앙인은 '약속'을 가진 사람이다. 엄청나고 보배롭고 큰 약속이다. 세상이 주지 못하는 약속이다. 이제 전에 세상에서 살던 '정욕'을 따라가는 삶이 아니라 '약속'을 따라가는 삶을 사는 사람들이다. 약속을 따라 살면 '죄악된 정욕'이 아니라 '신의 성품'에 참여하는 사람으로 거듭난다.

9 이런 것이 없는 자는 맹인이라 멀리 보지 못하고 그의 옛 죄가 깨끗하게 된 것을 잊었느니라

But those who do not have them are so short-sighted that they cannot see and have forgotten that they have been purified from their past sins.

10 그러므로 형제들아 더욱 힘써 너희 부르심과 택하심을 굳게 하라 너희가 이것을 행한즉 언제든지 실족하지 아니하리라

So then, my brothers and sisters, try even harder to make God's call and his choice of you a permanent experience; if you do so, you will never abandon your faith.

11 이같이 하면 우리 주 곧 구주 예수 그리스도의 영원한 나라에 들어감을 넉넉히 너희에게 주시리라

In this way you will be given the full right to enter the eternal Kingdom of our Lord and Saviour Jesus Christ.

12 그러므로 너희가 이것을 알고 이미 있는 진리에 서 있으나 내가 항상 너희에게 생각나게 하려 하노라

And so I will always remind you of these matters, even though you already know them and are firmly grounded in the truth you have received.

13 내가 이 장막에 있을 동안에 너희를 일깨워 생각나게 함이 옳은 줄로 여기노니

I think it only right for me to stir up your memory of these matters as long as I am still alive.

14 이는 우리 주 예수 그리스도께서 내게 지시하신 것 같이 나도 나의 장막을 벗어날 것이 임박한 줄을 앎이라

I know that I shall soon put off this mortal body, as our Lord Jesus Christ plainly told me.

15 내가 힘써 너희로 하여금 내가 떠난 후에라도 어느 때나 이런 것을 생각나게 하려 하노라

I will do my best, then, to provide a way for you to remember these matters at all times after my death.

1:5-7 믿음에 덕을...사랑을 더하라. 하나님의 속성에 공유적 속성이 있고 비공유적 속성이 있다. 공유적 속성은 우리가 함께 공유하는 것으로서 우리가 따라가야 하는 성품이다. 우리가 따라가야 할 성품이요 맺어야 할 성품으로 8가지를 제시하고 있다.

처음 항목이 믿음이라는 것과 마지막이 사랑이라는 것에 더하여 나머지는 순서 없이 우리가 점검하며 쌓아가야 할 성품이요 열매이다. 때로는 '믿음의 사다리'라 불리기도 하는 성품들이다.

믿음에 덕을. '덕'은 3절에도 나온 단어로 '탁월한 도덕 성품'을 의미한다. '오직 믿음으로 구원'을 말하다가 어떤 이들은 '탁월한 도덕 성품'을 놓치고 있다. 믿음에 덕이 공급되지 못하면 믿음은 마치 물을 공급받지 못한 화분의 꽃처럼 시들어 죽을 것이다. 믿음에 덕을 더해야만 한다. **덕에 지식을.** 덕만이 아니라 하나님의 뜻을 분별할 줄 아는 지식이 있어야 한다. **절제.** 지식에 절제가 없다면 한 순간에 모든 것을 잃을 수 있다. 우리의 지식은 늘 한계를 가지고 있기 때문이다. 어떤 일이든 절제가 필요하다. **인내.** 어려움을 만나도 인내할 줄 알아야 한다. **경건.** 모든 것을 하나님 중심으로 생각하며 하나님을 닮은 길을 걸어가는 경건이 있어야 한다. **형제우애.** 성도 간의 사랑을 말한다. 성도 간의 사랑은 서로의 믿음을 위해 매우 필요하다. **사랑.** 사랑해야 한다. 주변을 향하여 사랑의 마음이 더 자라고 사랑하고 있어야 한다. 8가지 성품이 다 강조되어 있는 문장이다. 이것을 잘 기억해야 한다. 따라 살고 있어야 한다. 믿음이 좋은 사람인가? 그렇다면 자신의 믿음(진리에 대한 확신)을 점검하는 것도 필요하지만 자신 안에 앞에서 나온 성품들이 있는지 살펴보는 것이 아마 더 필요할 것이다.

1:8 이런 것이 너희에게 있어 흡족...열매 없는 자가 되지 않게 하려니와. 이런 성품이 '너희에게 있고' '증가하고 있으면(흡족한즉)' 그리스도를 알아가는 그 삶이 '쓸모없는 것'이 되지 않고 '열매 없는 것'이 되지 않을 것이다. 곧 그런 것이 있다면 믿음

16 우리 주 예수 그리스도의 능력과 강림하심을 너희에게 알게 한 것이 교묘히 만든 이야기를 따른 것이 아니요 우리는 그의 크신 위엄을 친히 본 자라

Eye-Witnesses of Christ's Glory We have not depended on made-up stories in making known to you the mighty coming of our Lord Jesus Christ. With our own eyes we saw his greatness.

17 지극히 큰 영광 중에서 이러한 소리가 그에게 나기를 이는 내 사랑하는 아들이요 내 기뻐하는 자라 하실 때에 그가 하나님 아버지께 존귀와 영광을 받으셨느니라

We were there when he was given honour and glory by God the Father, when the voice came to him from the Supreme Glory, saying, "This is my own dear Son, with whom I am pleased!"

18 이 소리는 우리가 그와 함께 거룩한 산에 있을 때에 하늘로부터 난 것을 들은 것이라

We ourselves heard this voice coming from heaven, when we were with him on the holy mountain.

19 또 우리에게는 더 확실한 예언이 있어 어두운 데를 비추는 등불과 같으니 날이 새어 샛별이 너희 마음에 떠오르기까지 너희가 이것을 주의하는 것이 옳으니라

So we are even more confident of the message proclaimed by the prophets. You will do well to pay attention to it, because it is like a lamp shining in a dark place until the Day dawns and the light of the morning star shines in your hearts.

20 먼저 알 것은 성경의 모든 예언은 사사로이 풀 것이 아니니

Above all else, however, remember that no one can explain by himself or herself a prophecy in the Scriptures.

21 예언은 언제든지 사람의 뜻으로 낸 것이 아니요 오직 성령의 감동하심을 받은 사람들이 하나님께 받아 말한 것임이라

For no prophetic message ever came just from human will, but people were under the control of the Holy Spirit as they spoke the message that came from God.

의 길을 매우 열심히 효과적으로 잘 가고 있는 것이다. 반대로 그런 것이 없다면 매우 비효율적이고(게으르고) 열매 없는 삶을 살고 있는 것이다.

1:9 이런 것이 없는 자는 맹인이라. 앞의 성품이 없으면 '맹인'이라고 말한다. 이것은 믿음이 없는 사람이라는 말이다. 그는 '옛 죄가 깨끗하게 된 것을 잊었다'고 말한다. 자신이 의의 나라를 위해 죄사함을 얻었는데 의의 나라를 이루지 않고 여전히 죄의 나라에서 살고 있으니 자신의 죄사함을 잊어버리고 죄의 구렁텅이 속에서 살고 있다는 뜻이다. 말씀이 이렇게 말하고 있는데 어찌 이런 성품이 없이 믿음의 사람이라 말할 수 있을까?

1:10 택하심을 굳게 하라. 선택은 위로부터 내려오는 것이다. 그런데 오늘 말씀은 우리에게 위 성품을 가지고 그러한 삶을 살 때 '부르심과 택하심을 굳게 하는 것'이라고 말씀한다. 매우 놀라운 말씀이다. 이것을 행하지 않으면 부르심과 택하심에서 멀어지고 실족하게 될 것이라는 말씀이다.

1:11 이같이 하면...영원한 나라에 들어감을 넉넉히 너희에게 주시리라. 위의 성품을 가지고 그 성품이 자라가면서 살면 '영원한 나라에 들어감을 넉넉히' 얻게 된다고 말씀한다. 그렇지 않으면 간신히 들어가거나 못 들어갈 것이다. 위의 성품을 가지고 자라가는 것이 믿음이요 믿음의 자라감이라는 것을 직접적으로 말씀하는 것이다.

우리의 믿음은 안녕한가? 이 말씀을 근거로 살펴보면 많은 사람들의 믿음이 안녕하지 못하고 죽은 것 같아 많이 안타깝다. 자신이 지금 의의 나라를 이루어 가고 있는 사람인지 아니면 여전히 죄의 나라에서 헤매고 있는지 잘 살펴보아야 한다. 하나님의 성품, 특별히 이 말씀이 말하는 8가지 성품이 자신 안에 있는지 그리고 해마다 그것이 자라가고 있는지를 잘 살피라. 그것이 없으면 아무리 열심히 살아도 게으른

(쓸모없는) 삶이요 열매 없는 삶이다. 그것은 믿음이 아니다. 신앙인이 이루어야 할 열매를 맺지 못한 것이다. 우리의 믿음이 우리의 부르심과 택하심을 확실하게 확신할 수 있는 풍성한 믿음이 되기를 바란다. 풍성한 믿음은 위의 8가지 성품이 크게 자라가고 있는 것이다.

1:12 내가 항상 너희에게 생각나게 하려 하노라. 베드로는 바로 앞 부분에서 '신적 성품'을 이루어 가기 위해 얼마나 노력해야 하는지 그것이 얼마나 중요한지를 말하였다. 베드로는 이것이 매우 중요하여 사람들에게 이것을 항상 다시 생각하도록 다시 상기시킨다 말한다.

1:14 나의 장막을 벗어날 것이 임박한 줄을 앎이라. 죽을 때가 가까워졌다는 것을 예수님께서 특별히 가르쳐 주셨을 수도 있다. 베드로는 그의 남은 생애가 짧다는 것을 알았다. 그래서 중요한 것을 다시 반복하여 강조하면서 이것을 말하고 있다. 베드로에게는 자신의 죽음보다 더 중요하고 급박한 일이 있으니 '신앙인들의 성품'이다. 예수님을 닮은 성품은 신앙인이 가져도 되고 가지지 않아도 되는 것이 아니다. 그것은 신앙의 가장 근본적이고 핵심의 일이다. 성품이 좋아지기 위해서는 시간이 걸린다. 그래서 느긋하게 생각한다. 그러나 실상은 매우 중요한 일이기에 또한 매우 급한 것이기도 하다. 조금이라도 더 많이 이루어 가야 하는 것이기 때문이다.

1:15 내가 떠난 후에라도 어느 때나 이런 것을 생각나게 하려. 베드로가 죽음을 앞두고 강조하여 말하고, 죽음 이후에도 사람들이 생각하기를 바라는 말이 무엇인가? 신의 성품이다. 앞에서 말한 믿음, 탁월한 도덕 성품, 지식, 절제, 인내, 경건, 형제우애, 사랑 등을 가지게 되고 그것에서 자라는 것을 말한다. 그는 죽음을 앞두었기에 보통은 조금 더 근본적인 것을 말할 것 같다. 더 많은 사람에게 복음이 전해지는 것과 같은 급한 것을 위해 기도할 것 같은데 베드로는 신앙인이 가져야 할 성품에 대해 말하였

다. 그것을 급박하고 가장 중요한 것으로 여겼던 것이다. 그것이 진정한 복음이기 때문이다.

신앙인의 성품은 많은 경우 우선순위에서 밀린다. 복음을 전한다 할 때 성품을 전하는 경우가 드물었다. 그러나 복음에서 성품은 매우 중요하다. 그것은 믿음이 가짜인지 진짜인지를 분별하기 때문이다. 아무리 많은 믿음이 있어도 만약 가짜 믿음만 많이 있으면 그것이 무슨 의미가 있겠는가? 바쁘다 하여 가짜 믿음만 많이 만들어 놓으면 그것이 무슨 유익이 있겠는가? 어떤 경우라도 진짜 믿음을 전해야 한다. 그래서 신의 성품에 참여하도록 하는 것이 참으로 중요하다.

신의 성품에 참여하는 것이 고리타분한 도덕 이야기처럼 들릴 수 있다. 그것을 따라 사는 것이 힘들기 때문에 의무적인 것으로만 생각하기 쉽다. 그러나 그것은 '하늘 영광'의 일이다. 그것은 우리가 하나님의 성품에 참여하는 것으로서 하나님과 같이 되는 것이다. 선악과를 먹음으로 하나님 같이 되는 것이 아니라 신의 성품에 참여하여 하나님 같이 되어야 한다. 가장 영광스러운 것은 하나님을 닮아가는 것이다. 그것을 생각하면 가장 흥분되고 행복한 일이다. 우리가 하나님을 닮아가면 이후에 세상의 물질적인 부분이 채워지는 것은 당연한 일이다. 그것은 그리 중요한 것이 아니다. 그것을 위해 그리 힘쓸 일이 아니다. 우리가 이루어가야 할 하나님의 성품을 이루어가면 하나님의 부요함은 당연히 우리의 부요함이 될 것이다. 사람들은 돈을 더 가지게 되면 행복하고 기뻐한다. 하나님의 성품을 닮아가는 것은 우리가 가져야 하는 가장 최상위의 것을 소유하게 된다는 것이며 그 하위의 모든 것도 소유하게 된다는 것이다. 그러기에 그것의 정체를 알면 참으로 행복하게 하나님의 성품에 참여하는 사람이 될 것이다.

1:16 예수 그리스도의 능력과 강림하심을 너희에게 알게 한 것. 그 영광이 얼마나 위대한지 실제적으로 설명한다. 예수 그리스도의 '능력과 강림'에 대해 베드로가 말한 것을 지칭하는 것이다. 주님께서 영광 중에 강력하게 다시 오신다는 것은 '교묘히

만든 이야기'가 아니다. 너무 영광스러워 마치 드라마 같고 잘 꾸며진 이야기 같이 들릴 수 있다. 그러나 그것은 만든 이야기가 아니라 실제 일어날 사건이다. **우리는 그의 크신 위엄을 친히 본 자라.** 다시 오실 주님의 영광을 베드로와 제자들이 미리 맛보기로 경험하였다. 변화산에서 변모하신 주님의 영광스러운 모습을 보았던 참으로 놀라웠던 기억에 대한 이야기다. 주님 다시 오실 때는 이제 항상 그런 주님의 영광스러운 모습을 보게 될 것이다.

1:19 확실한 예언...어두운 데를 비추는 등불. 말씀의 증언을 들어야 한다. 말씀은 '어두운 데를 비추는 등불'과 같다. 이 땅을 사는 사람들은 다시 오실 주님의 영광과 성도가 참여하고 있고 참여하게 될 영광을 잘 모른다. 그런데 말씀이라는 빛을 통해 보면 조금 볼 수 있다. **날이 새어 샛별이 너희 마음에 떠오르기까지.** 주님이 재림하시는 날을 의미한다. '샛별'이라는 표현도 메시야에 대한 언급으로 사용된 것 같다. 이 것은 주님이 재림하시기 전까지 이 땅이 어둠 가운데 있다는 것을 말하기도 한다. 주님이 오시면 날이 새는 것처럼 환하게 보일 것이다. 그때 주님의 영광이 얼마나 놀라운지 우리가 이 땅에서 그 영광에 동참할 수 있었다는 것이 얼마나 존귀한 것인지를 알게 될 것이다. 그런데 그날이 있기 전까지는 사람들이 칠흑같이 어둔 밤에 있어 모른다. 그러나 밤에도 우리가 볼 수 있게 하는 것이 있으니 등불이다. 말씀이 등불 역할을 한다.

1:20 성경...사사로이 풀 것이 아니니. 말씀은 하나님의 뜻이다. 인간이 멋대로 해석하면 안 된다. 하나님의 뜻과 마음을 생각해야 한다. 어떤 성경도 저자가 자신의 의견을 적어 놓은 것이 아니다. 어떤 성경도 독자가 자신의 생각을 주입해서는 안 된다. 영광의 말씀을 땅의 어둠에 맞추어 멋대로 사용하는 경우가 많다. 말씀은 우리가 어둠의 경쟁에서 이기도록 주어진 말씀이 아니라 세상의 어둠과 주님의 빛을 분별하고 주님의 빛에 맞추어 살도록 주어졌다.

성경, 이해하며 읽기 **일반서신**

1 그러나 백성 가운데 또한 거짓 선지자들이 일어났었나니 이와 같이 너희 중에도 거짓 선생들이 있으리라 그들은 멸망하게 할 이단을 가만히 끌어들여 자기들을 사신 주를 부인하고 임박한 멸망을 스스로 취하는 자들이라

False Teachers False prophets appeared in the past among the people, and in the same way false teachers will appear among you. They will bring in destructive, untrue doctrines, and will deny the Master who redeemed them, and so they will bring upon themselves sudden destruction.

2 여럿이 그들의 호색하는 것을 따르리니 이로 말미암아 진리의 도가 비방을 받을 것이요

Even so, many will follow their immoral ways; and because of what they do, others will speak evil of the Way of truth.

3 그들이 탐심으로써 지어낸 말을 가지고 너희로 이득을 삼으니 그들의 심판은 옛적부터 지체하지 아니하며 그들의 멸망은 잠들지 아니하느니라

In their greed these false teachers will make a profit out of telling you made-up stories. For a long time now their Judge has been ready, and their Destroyer has been wide awake!

4 하나님이 범죄한 천사들을 용서하지 아니하시고 지옥에 던져 어두운 구덩이에 두어 심판 때까지 지키게 하셨으며

God did not spare the angels who sinned, but threw them into hell, where they are kept chained in darkness, waiting for the Day of Judgement.

5 옛 세상을 용서하지 아니하시고 오직 의를 전파하는 노아와 그 일곱 식구를 보존하시고 경건하지 아니한 자들의 세상에 홍수를 내리셨으며

God did not spare the ancient world, but brought the flood on the world of godless people; the only ones he saved were Noah, who preached righteousness, and seven other people.

6 소돔과 고모라 성을 멸망하기로 정하여 재가 되게 하사 후세에 경건하지 아니할 자들에게 본을 삼으셨으며

God condemned the cities of Sodom and Gomorrah, destroying them with fire, and made them an example of what will happen to the godless.

7 무법한 자들의 음란한 행실로 말미암아 고통 당하는 의로운 롯을 건지셨으니

He rescued Lot, a good man, who was distressed by the immoral conduct of lawless people.

2장

거짓 선생과 심판에 대한 이야기다.

2:1 너희 중에도 거짓 선생들이 있으리라. 성경의 시대에 하나님의 말씀을 받지 않고 하나님의 말씀이라고 거짓말하는 '거짓 선지자'가 있었다. 성경을 해석하는 사람들 중에는 하나님의 의도가 아닌데 하나님의 뜻이라고 거짓 가르치는 '거짓 선생'이 있었다. 왜 그들은 거짓 선생이 되었고 사람들은 왜 그것을 받아들이는 것일까? 거짓을 말함으로 이득을 얻기 때문이고 거짓을 따르는 사람은 그것을 통해 그들도 이익을 얻기 때문이다. 또한 그것을 잘 구분하지 못하기 때문이다. 그래서 거짓선생을 구분할 줄 아는 것이 중요하다. **멸망하게 할 이단.** 구약 성경을 보면 거짓 선지자들이 나온다. 그것처럼 베드로 때 거짓 선생들이 있었다. 거짓 선지자나 거짓 선생은 참으로 문제가 많다. 그들은 겉으로는 그럴듯하게 보이기 때문에 더 많은 문제를 가지고 있다. 가만히 은밀하게 들어와서 사람들을 무너지게 하는 사람들이다. 매우 위험한 이단이다. **자기들을 사신 주를 부인하고.** 예수님을 말로 부인하는 이단이 있고 행동으로 부인하는 이단이 있다. 말로 부인하면 분명히 드러난 이단이고 행동으로 부인하면 잘 드러나지는 않지만 위험한 이단이다. 행동으로 부인한다는 것은 연약한 사람을 의미하는 것이 아니라 그들의 마음이 실제로 주님을 받아들이지 않는다는 것을 의미하며 그들의 행동을 보면 알 수 있다.

2:2 그들의 호색하는 것. '호색'과 말씀이 함께 할 수 없다. 윤리와 성품이 거짓된 사람들은 결코 바른 선생이 아니다. 신앙인이 아니다. **이로 말미암아 진리의 도가 비방을 받을 것이요.** 그들이 말씀을 전한다 하여 말씀이 전해지는 것이 아니고 오히려 그들의 성품이 거짓되어 결국은 '진리의 도가 비방'을 받을 것이다. 그들이 그럴듯하

8 (이는 이 의인이 그들 중에 거하여 날마다 저 불법한 행실을 보고 들음으로 그 의로운 심령이 상함이라)

That good man lived among them, and day after day he suffered agony as he saw and heard their evil actions.

9 주께서 경건한 자는 시험에서 건지실 줄 아시고 불의한 자는 형벌 아래에 두어 심판 날까지 지키시며

And so the Lord knows how to rescue godly people from their trials and how to keep the wicked under punishment for the Day of Judgement,

10 특별히 육체를 따라 더러운 정욕 가운데서 행하며 주관하는 이를 멸시하는 자들에게는 형벌할 줄 아시느니라 이들은 당돌하고 자긍하며 떨지 않고 영광 있는 자들을 비방하거니와

especially those who follow their filthy bodily lusts and despise God's authority. These false teachers are bold and arrogant, and show no respect for the glorious beings above; instead, they insult them.

11 더 큰 힘과 능력을 가진 천사들도 주 앞에서 그들을 거슬러 비방하는 고발을 하지 아니하느니라

Even the angels, who are so much stronger and mightier than these false teachers, do not accuse them with insults in the presence of the Lord.

12 그러나 이 사람들은 본래 잡혀 죽기 위하여 난 이성 없는 짐승 같아서 그 알지 못하는 것을 비방하고 그들의 멸망 가운데서 멸망을 당하며

But these people act by instinct, like wild animals born to be captured and killed; they attack with insults anything they do not understand. They will be destroyed like wild animals,

13 불의의 값으로 불의를 당하며 낮에 즐기고 노는 것을 기쁘게 여기는 자들이니 점과 흠이라 너희와 함께 연회할 때에 그들의 속임수로 즐기고 놀며

and they will be paid with suffering for the suffering they have caused. Pleasure for them is to do anything in broad daylight that will satisfy their bodily appetites; they are a shame and a disgrace as they join you in your meals, all the while enjoying their deceitful ways!

14 음심이 가득한 눈을 가지고 범죄하기를 그치지 아니하고 굳세지 못한 영혼들을 유혹하며 탐욕에 연단된 마음을 가진 자들이니 저주의 자식이라

They want to look at nothing but immoral women; their appetite for sin is never satisfied. They lead weak people into a trap. Their hearts are trained to be greedy. They are under God's curse!

게 전하여 말씀에 조금 진보가 있는 것 같으나 일 보 전진하고 십 보 후퇴하게 될 것이다. 그러기에 거짓 선생을 통해 복음이 일 보 전진하게 되는 것을 좋아하지 마라. 전진한 것에 비례하여 훨씬 더 많은 후퇴가 일어날 것이니 그것은 슬픈 일이다.

2:3 탐심. 거짓 선생은 왜 그렇게 말과 행동이 따로일까? 그들이 '탐심'으로 살기 때문이다. 그들은 하늘 영광을 바라보며 사는 사람들이 아니다. 세상 영광을 바라보며 사는 사람들이다. 그래서 말씀으로 하늘 영광을 추구하는 것이 아니라 땅의 영광(어둠)을 좇아간다. 탐심으로 가득하여 땅의 영광을 얻기 위해 말씀을 이용하고 교회와 믿음을 이용해 먹는 것이다. 거짓 선생에 속지 말아야 한다. 거짓 선생에 속으면 그들의 탐심에 이용만 당하고 끝날 것이다. 또한 그렇게 이용당함으로 오히려 자신과 이웃에 복음이 전달되는 것이 막힐 것이다. 우리 주변에는 많은 거짓 선생들이 있다. 말씀으로 탐심과 부당한 이익을 채우는 이들을 경계하라.

2:4 범죄한 천사들을 용서하지 아니하시고. 땅의 영광을 좇아가다 심판 받은 것에 대해 말한다. 아무리 천사라도 그들의 죄에 대해 하나님께서 심판하셨다.

2:6 소돔과 고모라 성을 멸망. 소돔과 고모라 성 사람들이 '무법하고 음란한 행실'을 하였기 때문에 그러한 '경건하지 아니한 모습'에 대해 이후에 사람들이 경계를 삼도록 심판하셨다.

2:9 불의한 자는 형벌. 하나님께서 하늘 영광을 바라보며 경건을 찾는 사람들은 구원하시고 세상 영광을 바라보며 불의를 따라 사는 사람들은 심판하신다. 모든 죄악과 거짓은 심판을 받았다. 앞으로도 그러할 것이다.

2:10 정욕. 거짓 선생들은 '정욕' 가운데 살면서 하나님의 권위와 영광을 무시한다.

15 그들이 바른 길을 떠나 미혹되어 브올의 아들 발람의 길을 따르는도다 그는 불의의 삯을 사랑하다가

They have left the straight path and have lost their way; they have followed the path taken by Balaam son of Beor, who loved the money he would get for doing wrong

16 자기의 불법으로 말미암아 책망을 받되 말하지 못하는 나귀가 사람의 소리로 말하여 이 선지자의 미친 행동을 저지하였느니라

and was rebuked for his sin. His donkey spoke with a human voice and stopped the prophet's insane action.

17 이 사람들은 물 없는 샘이요 광풍에 밀려 가는 안개니 그들을 위하여 캄캄한 어둠이 예비되어 있나니

These people are like dried-up springs, like clouds blown along by a storm; God has reserved a place for them in the deepest darkness.

18 그들이 허탄한 자랑의 말을 토하며 그릇되게 행하는 사람들에게서 겨우 피한 자들을 음란으로써 육체의 정욕 중에서 유혹하는도다

They make proud and stupid statements, and use immoral bodily lusts to trap those who are just beginning to escape from among people who live in error.

19 그들에게 자유를 준다 하여도 자신들은 멸망의 종들이니 누구든지 진 자는 이긴 자의 종이 됨이라

They promise them freedom while they themselves are slaves of destructive habits—for a person is a slave of anything that has conquered him.

20 만일 그들이 우리 주 되신 구주 예수 그리스도를 앎으로 세상의 더러움을 피한 후에 다시 그 중에 얽매이고 지면 그 나중 형편이 처음보다 더 심하리니

If people have escaped from the corrupting forces of the world through their knowledge of our Lord and Saviour Jesus Christ, and then are again caught and conquered by them, such people are in a worse state at the end than they were at the beginning.

21 의의 도를 안 후에 받은 거룩한 명령을 저버리는 것보다 알지 못하는 것이 도리어 그들에게 나으니라

It would have been much better for them never to have known the way of righteousness than to know it and then turn away from the sacred command that was given them.

성경, 이해하며 읽기 **일반서신**

오직 자신들의 이익과 욕심만 중요하다. 욕심으로 많은 것을 소유하게 되고 자랑한다. 그들에게는 세상에서 무서운 것이 없다. 그들은 당돌하고 자긍한다. 대단한 사람처럼 보인다. 돈 있으니 권력을 휘두른다. 영광 있는 자들을 비방. '영광 있는 자'는 아마 '악한 천사'를 의미할 것이다. 여기에서의 영광은 특별한 힘이 있다는 의미다. 그들은 악한 천사의 계략을 가볍게 여긴다. 그들은 마치 신앙이 좋은 것처럼 말하고 자신들이 악한 영을 마음대로 할 수 있는 것처럼 자랑한다. 그러나 악한 영이 얼마나 간사하게 사람들을 넘어지게 하는지를 알아야 한다. 이들은 실제로는 악한 영에 사로잡힌 사람이다.

2:11 비방하는 고발을 하지 아니하느니라. 심지어 선한 천사도 악한 천사에 대해 그렇게 가볍게 여기지 않는다. 항상 예의주시하며 하나님의 백성을 보호하기 위해 힘을 다한다. 그런데 거짓 선생이 자신은 모든 것을 할 수 있는 것처럼 허세를 부리는데 실제로는 악한 영에 의해 조종당하고 있으면서도 그것을 모르는 것이다. 그들은 그렇게 악한 영의 하수인이 되어 하나님의 더욱더 큰 심판의 대상이 된다.

2:12 이성 없는 짐승. 그들은 이성이 아니라 본능에 충실한 사람이다. 자신들이 믿는 믿음을 따라 이성으로 따져 합리적인 일을 하는 것이 아니라 본능대로 본능을 채우기 위해 사는 사람들이다.

2:13 낮에 즐기고 노는 것을 기쁘게 여기는 자들. 낮부터 그렇게 술을 먹는 것은 대놓고 백주대낮부터 흥청망청 즐기는 삶을 산다는 것을 의미한다. 보통 사람들은 저녁에 흥청망청한다. 그때는 분위기에 쏠려간다. 그런데 대낮에 그렇게 한다는 것은 대놓고 죄를 범하고 뻔뻔한 잘못을 한다는 것을 의미한다. 조금 잘 나간다는 거짓 선생들을 보면 죄를 범하고 잘못 살고 있으면서도 매우 뻔뻔하다. 세상 영광을 잡고

22 참된 속담에 이르기를 개가 그 토하였던 것에 돌아가고 돼지가 씻었다가 더러운 구덩이에 도로 누웠다 하는 말이 그들에게 응하였도다

What happened to them shows that the proverbs are true: "A dog goes back to what it has vomited" and "A pig that has been washed goes back to roll in the mud."

있으니 그럴 것이다. '꿩 잡은 사람이 매'라고 성공하였으니 그들은 스스로 잘났다고 생각한다.

2:14 음심이 가득한 눈. 사람을 음심으로 본다. 혼자만의 나쁜 상상을 한다. 그것을 실행에 옮기기까지 한다. **탐욕에 연단된 마음을 가진 자.** 여기에서 '연단'이란 '전문가'라고 번역하기도 한다. 이 단어는 직접적인 의미로는 '훈련된'이다. 운동 선수가 훈련되듯이 훈련된 것을 의미한다. 그들은 탐욕 전문가이다. 자신들의 탐욕을 채우는 일에는 아주 뛰어나다. 어찌 그리 돈 냄새를 잘 맞으며 어찌 그리 나쁜 선택을 하는지 참으로 그 방면에는 상상을 초월한 전문가다. 그들은 그렇게 마치 '저주의 피'를 타고난 사람처럼 행동한다.

2:15 발람의 길. 발람은 거짓 선생으로 구약에서 유명한 선지자다. 그는 '불의의 삯'을 사랑하여 자신이 생각하는 옳음에서 벗어났던 사람이다. 이 사람을 보면 그의 행위가 그렇게 크게 잘못된 것 같지 않아 보일 수도 있다. 그러나 그는 거짓 선지자의 대표로 나온다. 오늘날 거짓 선생들도 어찌 보면 죄가 별로 없어 보일 수 있다. 그러나 그 내면을 보면 발람보다 훨씬 더 악하다. 흔히들 '돈 사랑하지 않는 사람 어디 있나' '다윗도 간음의 죄를 저질렀다' '죄 없는 사람이 어디 있나'하면서 자신들의 죄를 합리화한다. 그들의 말은 악을 행하기 위한 말로 아주 잘못된 말이다. 거짓 선생이 분명히 있다. 아주 많이 있다. 거짓 선생을 분별하지 않으면 안 된다. 거짓 선생의 가장 큰 특징은 정욕을 좇는다. 정욕을 좇아가면서 아주 못된 인품을 가지고 있다.

2:17 물 없는 샘. 샘은 유대 지역에서 매우 중요하였다. 샘인 것처럼 보였는데 실제로는 물이 없으니 사기다. **광풍에 밀려 가는 안개.** 안개는 비가 없는 곳에서 때로는 조금이라도 수분을 제공할 수 있는 희망이다. 안개로 가득하여 식물에 조금이라도

도움이 되겠다 싶었는데 광풍이 불어 밀려 사라져 버리니 전혀 도움이 되지 못하는 안개다. 거짓 선생이 믿음이 있는 것 같고 은혜도 되는 것 같은데 실제로는 금세 사라지고 마는 상태를 의미한다. 그들의 그럴듯한 말은 사기다. 인품은 없고 설교만 잘하면 사기꾼이다.

2:19 자유. 사람들에게 '자유'를 준다 말한다. 구원을 가르친다. 그러나 자신들이 정욕에 사로잡힌 종이다. 자신들이 '멸망의 종'들이니 종들이 무슨 자유를 줄 수 있겠는가? **진 자는 이긴 자의 종이 됨이라.** 그들은 세상의 영광을 좇아 가면서 그것에 굴종한 사람들이다. 그것의 종이 되었다. 자신들이 세상의 노예들인데 사람들에게 무슨 세상을 이기는 믿음과 구원을 전할 수 있을까? 그들이 말하는 것은 사기일 뿐이다. 그들은 구원의 길이 아니라 결국 세상의 종이 되는 길로 안내할 것이다. 우리 목사님은 말씀은 좋은데 인품이 엉터리인가? 그렇다면 사기다. 사기꾼들에게 속지 말아야 한다. 사기꾼은 자기가 멸망할 뿐만 아니라 다른 사람들도 망하게 한다.

2:21 그들은 '의의 도를 알았다' 생각했기에 선생(목사)이 되었을 것이다. 그러나 정욕을 좇아 세상 영광을 좇아감으로 결국은 의에서 나간 사람들이다. 거짓 선생은 가장 불행한 사람들이다. '돼지가 씻은 후 더러운 구덩이에 도로 누운 것'으로서 차라리 '알지 못하는 것이 도리어 그들에게 나으니라'는 말씀대로 될 것이다.

1 사랑하는 자들아 내가 이제 이 둘째 편지를 너희에게 쓰노니 이 두 편지로 너희의 진실한 마음을 일깨워 생각나게 하여

False The Promise of the Lord's Coming My dear friends, this is now the second letter I have written to you. In both letters I have tried to arouse pure thoughts in your minds by reminding you of these things.

2 곧 거룩한 선지자들이 예언한 말씀과 주 되신 구주께서 너희의 사도들로 말미암아 명하신 것을 기억하게 하려 하노라

I want you to remember the words that were spoken long ago by the holy prophets, and the command from the Lord and Saviour which was given you by your apostles.

3 먼저 이것을 알지니 말세에 조롱하는 자들이 와서 자기의 정욕을 따라 행하며 조롱하여

First of all, you must understand that in these last days some people will appear whose lives are controlled by their own lusts. They will mock you

4 이르되 주께서 강림하신다는 약속이 어디 있느냐 조상들이 잔 후로부터 만물이 처음 창조될 때와 같이 그냥 있다 하니

and will ask, "He promised to come, didn't he? Where is he? Our ancestors have already died, but everything is still the same as it was since the creation of the world!"

5 이는 하늘이 옛적부터 있는 것과 땅이 물에서 나와 물로 성립된 것도 하나님의 말씀으로 된 것을 그들이 일부러 잊으려 함이로다

They purposely ignore the fact that long ago God gave a command, and the heavens and earth were created. The earth was formed out of water and by water,

6 이로 말미암아 그 때에 세상은 물이 넘침으로 멸망하였으되

and it was also by water, the water of the flood, that the old world was destroyed.

7 이제 하늘과 땅은 그 동일한 말씀으로 불사르기 위하여 보호하신 바 되어 경건하지 아니한 사람들의 심판과 멸망의 날까지 보존하여 두신 것이니라

But the heavens and the earth that now exist are being preserved by the same command of God, in order to be destroyed by fire. They are being kept for the day when godless people will be judged and destroyed.

3장

주님의 재림을 기억하며 사는 것에 대한 이야기다.

3:2 선지자들의 예언한 말...사도들로 말미암아 명하신 것. 선지자들과 사도들이 가르친 것으로서 지금까지 말한 거룩한 삶을 말하는 것으로 보인다. 특별히 주님의 재림과 심판이라는 시각에서의 거룩한 삶을 더욱 생각나게 한다.

3:3 말세에 조롱하는 자들이 와서. 말세는 '주님의 초림과 재림 사이의 기간'이다. 말세에 사는 사람들은 아직 주님의 재림을 경험하지 않은 사람들이다. 그들은 자신들의 경험을 바탕으로 주님의 재림에 대해 부정하며 조롱한다. 주님의 재림을 인정하면 자신들의 정욕대로 살 수 없을 것이다. 자신들의 정욕대로 사는 것을 합리화하기 위해서라도 그들은 주님의 재림을 부정하며 조롱한다.

3:4 만물이 처음 창조될 때와 같이 그냥 있다. 그들은 주님의 재림에 대한 약속이 없다고 말한다. '만물이 창조 때와 같이' 그대로 있다고 말한다. 계속 그렇게 있으니 재림도 없다고 말한다. 그러나 그들은 노아 홍수 때의 심판을 잊고 있다. 눈을 감는다고 없는 것이 아니다. 물로 심판하셨듯이 또한 불로 심판하신다 하셨다. 그들은 자신들의 정욕을 따라 주장하는 것이다. 무엇인가를 주장하려면 하나님의 말씀을 잘 살펴보아야 한다. 하나님은 말씀으로 천지를 창조하셨고 또한 심판하실 것을 분명히 말씀하셨다.

3:8 주께는 하루가 천 년 같고. 예수님의 재림을 부정하거나 잊고자 하는 사람들은 '예수님이 아직도 재림하지 않으셨다'는 사실을 말한다. 베드로 때 예수님의 재림이 지연되고 있는 것을 보니 '재림이 없는 것이 아니냐'는 의심을 하였는데 그때부터

8 사랑하는 자들아 주께는 하루가 천 년 같고 천 년이 하루 같다는 이 한 가지를 잊지 말라

But do not forget one thing, my dear friends! There is no difference in the Lord's sight between one day and a thousand years; to him the two are the same.

9 주의 약속은 어떤 이들이 더디다고 생각하는 것 같이 더딘 것이 아니라 오직 주께서는 너희를 대하여 오래 참으사 아무도 멸망하지 아니하고 다 회개하기에 이르기를 원하시느니라

The Lord is not slow to do what he has promised, as some think. Instead, he is patient with you, because he does not want anyone to be destroyed, but wants all to turn away from their sins.

10 그러나 주의 날이 도둑 같이 오리니 그 날에는 하늘이 큰 소리로 떠나가고 물질이 뜨거운 불에 풀어지고 땅과 그 중에 있는 모든 일이 드러나리로다

But the Day of the Lord will come like a thief. On that Day the heavens will disappear with a shrill noise, the heavenly bodies will burn up and be destroyed, and the earth with everything in it will vanish.

11 이 모든 것이 이렇게 풀어지리니 너희가 어떠한 사람이 되어야 마땅하냐 거룩한 행실과 경건함으로

Since all these things will be destroyed in this way, what kind of people should you be? Your lives should be holy and dedicated to God,

12 하나님의 날이 임하기를 바라보고 간절히 사모하라 그 날에 하늘이 불에 타서 풀어지고 물질이 뜨거운 불에 녹아지려니와

as you wait for the Day of God and do your best to make it come soon—the Day when the heavens will burn up and be destroyed, and the heavenly bodies will be melted by the heat.

13 우리는 그의 약속대로 의가 있는 곳인 새 하늘과 새 땅을 바라보도다

But we wait for what God has promised: new heavens and a new earth, where righteousness will be at home.

14 그러므로 사랑하는 자들아 너희가 이것을 바라보나니 주 앞에서 점도 없고 흠도 없이 평강 가운데서 나타나기를 힘쓰라

And so, my friends, as you wait for that Day, do your best to be pure and faultless in God's sight and to be at peace with him.

2000년 가까이 지난 오늘날에는 더욱더 그렇게 생각하기 쉽다. 그러나 우리가 기억해야 할 것이 있다. 하나님이 생각하시는 시간과 우리가 생각하는 시간 개념이 다르다는 것이다. 우리에게는 천 년이 주님께는 하루처럼 생각될 수 있다. 그래서 우리는 2000년이 지났으니 주님의 재림을 잊을 만하다고 생각할지 모르지만 주님께는 그렇지 않다. 우리에게 오늘이나 삼 일 뒤의 일이나 시간적으로 거의 차이가 없듯이 주님께는 2000년 전이나 지금이나 시간적으로 거의 차이가 없다. 주님의 재림은 언제나 하루 이틀의 시간차 속에서 대기중이다. 급박하다. **천 년이 하루 같다.** 우리의 하루는 일찍 지나가는 것 같다. 그러나 그 하루는 재림하시고자 하시는 주님께는 천 년의 기간처럼 길게 느껴질 수도 있다. 그래서 우리의 하루는 주님이 오시기에 충분한 시간이며 늘 가능성이 있다. 우리의 하루는 그날 24시간 안에 주님이 언제든지 오실 수 있다는 사실을 기억하고 교통상황실의 하루 24시간이 늘 촉박하게 진행되듯이 우리의 하루도 주님의 재림을 맞이하는 상황실처럼 촉박하게 주님 재림시에 그것을 전할 뉴스를 준비하면서 살아가야 한다. 이 땅은 주님 재림의 소식을 전하는 24시간 상황실이다. "오늘 주님의 재림 가능 시간은 몇 시이다. 세계에 이러저러한 일이 있고 누군가 더 기다리고 있다. 그래서 오후 3시에 주님 재림하실 가능성이 매우 높다." 주님의 재림 캐스터가 되어 이렇게 알리면서 마음을 다 잡고 정신 차리면서 살아야 한다.

3:9 더디다고 생각...오래 참으사...회개하기에 이르기를 원하시느니라. 여전히 주님이 더디 오신다고 불평하는 사람들이 있다. 그들의 불평이 얼마나 어리석은지 아는가? 혹 진짜 그렇게 더디게 느끼는 사람이 있다면 이것을 알아야 한다. 조금이라도 늦게 오시는 것은 그들을 미워해서가 아니라 그들을 위한 것이다.
주님의 재림을 생각해야 한다. 주님 재림은 참으로 영광의 날이다. 그런데 그 날을 조롱한다면 참으로 큰 죄다. 주님의 재림을 날마다 생각하면서 심판에 합당한 삶을 살라. 하루를 신성한 성품을 이루는데 힘을 다해야 한다. 주님이 오늘 오시지는 않

15 또 우리 주의 오래 참으심이 구원이 될 줄로 여기라 우리가 사랑하는 형제 바울도 그 받은 지혜대로 너희에게 이같이 썼고

Look on our Lord's patience as the opportunity he is giving you to be saved, just as our dear brother Paul wrote to you, using the wisdom that God gave him.

16 또 그 모든 편지에도 이런 일에 관하여 말하였으되 그 중에 알기 어려운 것이 더러 있으니 무식한 자들과 굳세지 못한 자들이 다른 성경과 같이 그 것도 억지로 풀다가 스스로 멸망에 이르느니라

This is what he says in all his letters when he writes on the subject. There are some difficult things in his letters which ignorant and unstable people explain falsely, as they do with other passages of the Scriptures. So they bring on their own destruction.

17 그러므로 사랑하는 자들아 너희가 이것을 미리 알았은즉 무법한 자들의 미혹에 이끌려 너희가 굳센 데서 떨어질까 삼가라

But you, my friends, already know this. Be on your guard, then, so that you will not be led away by the errors of lawless people and fall from your safe position.

18 오직 우리 주 곧 구주 예수 그리스도의 은혜와 그를 아는 지식에서 자라 가라 영광이 이제와 영원한 날까지 그에게 있을지어다

But continue to grow in the grace and knowledge of our Lord and Saviour Jesus Christ. To him be the glory, now and for ever! Amen.

을까 생각하면서 오늘 하루를 신성한 성품을 이루어 가는데 힘을 다하라. 악한 성품에서 회개하고 신성한 성품으로 하나하나 고쳐가라. 주님 재림이라는 영광을 생각하면서 그 영광에 맞추어 오늘 주님의 신성한 성품을 닮아가는 작은 영광을 이루어 가는 우리가 되기를 응원하며 기도한다.

3:10 주의 날이 도둑 같이 오리니. 주님의 재림하시는 날이 갑자기 임할 것이다. 그러기에 매일 주님이 오시는 날이라는 마음으로 살아야 한다.

3:11 너희가 어떠한 사람이 되어야 마땅하냐. 11-12절은 하나의 문장으로 의문형이다. 주님 오시면 세상의 모든 질서가 새로 개편될 것이다. 새하늘과 새 땅이 되기 때문이다. 그때 세상 영광을 좋아가던 모든 것들은 쓰레기처럼 타 없어진 것이요 오직 주님의 성품을 닮은 하늘 영광으로서 '거룩한 행실과 경건함'이 남을 것이다. 그렇다면 어떤 것을 좋아가야 할지 어떤 사람이 되어야 할지에 대해 당연한 답이 나오지 않을까?

3:12 하나님의 날이 임하기를 바라보고. '바라보라'는 단어가 12-14절에서 반복하여 나타난다. 우리가 무엇을 바라보아야 할지를 분명히 알아야 한다. 하나님의 날 곧 주님의 재림을 춘향이가 이도령을 기다리는 것보다 더 바라보고 기다려야 한다. **간절히 사모하라.** '하나님의 날이 임하기를 재촉하라'고 번역할 수 있다. 주님의 오심을 바라볼 뿐만 아니라 빨리 오시기를 갈망하며 살아야 한다. 한 사람이라도 더 회개하기를 원하시는 주님의 마음을 따라 자신이 회개하면서 주님 오심을 갈망하며 살아야 한다. 오늘날 주님 오심을 바라는 사람이 너무 적은 것 같다. 재촉하며 갈망하는 사람이 너무 적은 것 같다. 헛된 것에 마음을 두고 있기 때문이다. 주님 오심으로 이루어질 찬란한 영광이 가득한 새하늘과 새 땅에 대해 모르기 때문이다.

3:14 점도 없고 흠도 없이. 주님의 오심을 갈망하기에 '주 앞에서 점도 없고 흠도 없는' 사람이 되고자 더욱 힘써야 한다. 곧 신성한 성품을 힘쓰면서 기다려야 한다. **평강 가운데서 나타나기를 힘쓰라.** 평강(에이레네)은 히브리어 '샬롬'을 생각하면서 쓴 단어다. 샬롬은 '평화'로서 모든 관계에서의 평화다. 그래서 온전함이라는 의미가 기본적 의미이기도 하다. 모든 관계가 본래 있어야 하는 관계가 되어 온전함을 이루는 것이다. 점도 없고 흠도 없는 온전함을 추구하여 주님 오실 때 '온전함 가운데서 주님을 만날 수 있도록' 힘써야 한다. 주님의 재림 때까지 시간이 많지 않다. 힘써 신성한 성품을 이루어 샬롬의 사람이 되어야 한다.

3:15 주의 오래 참으심이 구원이 될 줄로 여기라. 시간은 기회다. 환난과 고난도 기회다. 놀라운 기회다. 신성한 성품이 어찌 하루 아침에 이루어지겠는가? 수많은 시행착오를 하면서 점차적으로 만들어가는 것이 아니겠는가? 그러니 모든 시간은 기회다. 인생은 기회로서 선물이다.

3:16 억지로 풀다가 스스로 멸망에 이르느니라. 바울서신을 오해하는 사람들이 있다. 바울은 지금 베드로의 말과 같은 의견인데 바울의 '이신칭의'를 오해하여 '무법한 자'가 되는 사람들이 있었다. 율법폐기론자들이다. 베드로 때도 그렇고 지난 기독교사에서도 그렇고 오늘날에도 그런 사람들이 있다. 그들은 성경을 오해한 사람들이다. 상식을 무시하고 '성경을 억지로 풀다가 스스로 멸망에 이른' 사람들이다. 바울은 결코 그렇게 무법한 자(율법이 없는 자)가 되라고 말한 것이 아니다.

3:17 무법한 자들의 미혹. 신앙인은 거짓 선생에게 속지 말아야 한다. 베드로를 통해 미리 경고를 들었기에 거짓 선생의 세상 영광을 좇아가는 미혹에 속지 말고 자기 자신의 신앙을 잘 지켜야 한다. 우리가 가고 있는 신앙의 길은 참으로 영광스러운 길이다. 다른 것에 미혹되지 말아야 한다.

성경, 이해하며 읽기 **일반서신**

3:18 예수 그리스도의 은혜와 그를 아는 지식에서 자라 가라. 자신을 거짓에서 보호하는 가장 좋은 길은 진리의 자리에서 자라가는 것이다. 결코 멈추어 있지 말아야 한다. 하나님의 은혜를 더욱더 많이 알아야 한다. 우리를 향한 하나님의 은혜가 참으로 큰데 그것을 몰라 세상 은혜를 찾아가는 것이다. 주님의 재림을 바라보며 열심히 신성한 성품을 이루어 갈 때 하나님께서 주시는 선물들이 있다. 그것이 은혜다. 그 은혜를 많이 경험해야 한다. 그러면 한눈 팔지 않을 것이다. 그 은혜를 경험하지 못하기 때문에 세상에 한눈 파는 것이다. 썩을 것을 마치 생명인 것처럼 생각하는 것이다. 그리스도를 아는 지식이 자라가야 한다. 말씀을 통해 알아야 한다. 그것을 경험해야 한다. 사람들이 그리스도를 안다고 말하나 실상은 많이 모른다. 깊이와 높이와 넓이가 측량할 수 없이 크다. 그러기에 날마다 알아가야 한다. 그 길이 영광의 길이다. 행복한 길이다.

요한일이삼서

1.시대
90년대 초반에 쓰인 성경으로 요한계시록과 더불어 가장 늦은 시기에 기록된 성경이다.

2.유명한 구절
요한일서 4:8은 매우 유명한 구절이다. '하나님은 사랑이심이라(God is love)'는 말씀은 많은 사람의 마음을 따뜻하게 하고 위로하는 구절이다. 예배당 전면에 이 말씀을 붙이는 경우도 많다.

나는 사람들이 이 구절을 볼 때 '말씀의 의미를 잘 알고 있을까'라고 생각하곤 한다. 이 구절은 본래 하나님을 바라보는 것이 아니라 나를 바라보게 하는 것이다. '하나님의 사랑'이 아니라 '나의 사랑'을 돌아보아야 한다. 이 구절을 보면서 '하나님께서 우리를 사랑하신다'는 것을 묵상하면 이 말씀 구절을 묵상하는 것이 아니다. 말씀은 문맥 속에서 의미를 갖는다. 이 구절이 문맥 속에서 무슨 의미로 기록되어 있는지를 잘 살펴보아야 한다.

이 구절을 다시 읽어보라. 이것은 '하나님은 사랑'이시기 때문에 '내가 이웃을 사랑하지 않으면 하나님을 모르는 것이다'라고 경고하고 있다. 그러기에 이 구절을 보면 두렵고 떨리는 마음을 가져야 한다. 이 구절을 보면 재빨리 자신이 이웃을 제대로 사랑하고 있는지 살펴야 한다. 그리고 만약 제대로 사랑하고 있지 않다면 자신은 하나님을 모르는 것이다 라고 경고하는 구절로 읽어야 한다. 하나님으로부터 시작된 그 사랑, 하나님의 마음을 따라 이웃을 죽도록 사랑하는 사람이 되기 위해 울어야 한다.

3.특징

성경 전체에서 가장 짧은 성경은? '요한삼서'이다. 219단어로 되어 있다.

4.주제

요한일서: 하나님과 사귐

요한이서: 이단과 사귐

요한삼서: 성도와 사귐

요한일서

요한일서 1:1-10

1 태초부터 있는 생명의 말씀에 관하여는 우리가 들은 바요 눈으로 본 바요 자세히 보고 우리의 손으로 만진 바라

The Word of Life We write to you about the Word of life, which has existed from the very beginning. We have heard it, and we have seen it with our eyes; yes, we have seen it, and our hands have touched it.

2 이 생명이 나타내신 바 된지라 이 영원한 생명을 우리가 보았고 증언하여 너희에게 전하노니 이는 아버지와 함께 계시다가 우리에게 나타내신 바 된 이시니라

When this life became visible, we saw it; so we speak of it and tell you about the eternal life which was with the Father and was made known to us.

3 우리가 보고 들은 바를 너희에게도 전함은 너희로 우리와 사귐이 있게 하려 함이니 우리의 사귐은 아버지와 그의 아들 예수 그리스도와 더불어 누림이라

What we have seen and heard we announce to you also, so that you will join with us in the fellowship that we have with the Father and with his Son Jesus Christ.

4 우리가 이것을 씀은 우리의 기쁨이 충만하게 하려 함이라

We write this in order that our joy may be complete.

5 우리가 그에게서 듣고 너희에게 전하는 소식은 이것이니 곧 하나님은 빛이시라 그에게는 어둠이 조금도 없으시다는 것이니라

God Is Light Now the message that we have heard from his Son and announce is this: God is light, and there is no darkness at all in him.

6 만일 우리가 하나님과 사귐이 있다 하고 어둠에 행하면 거짓말을 하고 진리를 행하지 아니함이거니와

If, then, we say that we have fellowship with him, yet at the same time live in the darkness, we are lying both in our words and in our actions.

1장

1:1 말씀. '태초부터 있는' '우리가 들은 바인' '눈으로 본 바인' '우리의 손으로 만진 바인' 생명의 말씀에 대하여 말한다. '생명의 말씀'은 '생명을 주시는 성육신 하신 예수님'을 의미한다. 말씀(로고스)은 성자 하나님을 지칭할 단어를 찾아 그 시대에 사용한 용어이지 '성경 말씀'을 의미하는 것이 아니다. '우주적(근본적) 이성, 원리'라는 의미의 단어로 사용되기에 예수님을 표현하기 위해 사용되었다. 예수님은 '태초부터 계신' 분이다. 세상이 창조되기 전부터 계셨던 참으로 영광스러운 분이다. 이것이 얼마나 놀라운 일인가? 요한은 사람들의 눈을 태초부터 계신 예수님께 집중하게 한다. 그 분만이 '생명의 말씀' 즉 우리에게 '생명'을 주시는 분이다. **우리가 들은 바요 눈으로 본 바요 자세히 보고 우리의 손으로 만진 바라.** 요한은 자신이 예수님과 사귐을 가진 것에 대해 말한다. 그 분은 태초부터 계신 분이다. 참으로 놀랍고 놀라운 영광으로 가득한 분이다. 그 분을 만나고 사귀는 것은 모든 역사에서 가장 존귀하다.

1:3 너희로 우리와 사귐이 있게 하려 함이니. 요한은 놀라운 소식을 전하면서 독자를 그 사귐의 자리에 초대한다. 그들이 예수님과 사귀었고 그 사귐은 현재형으로도 지속되는 것이기 때문에 그 사귐의 자리에 사람들을 초정하고 있다. 믿음의 사람들과 사귐의 자리는 하나님과 사귐의 자리가 된다. 하나님께서 믿음의 사람들 안에 계시기 때문이다. 사귐은 요한일서의 가장 중요한 주제다. 하나님과의 사귐은 신앙인의 사귐과 결코 나뉘지 않는다. 요한은 사람들을 하나님과의 사귐의 자리로 초청한다.

1:4 우리의 기쁨이 충만하게 하려 함이라. 그 자리는 생명의 자리요, 영원하신 분이 이 땅에 성육신 하시기까지 하심으로 초청하는 중요한 자리요, 기쁨의 자리이다. '우리'는 요한과 동료들 만이 아니라 이제 그 초청에 응한 모든 사람을 포함한다. 성

7 그가 빛 가운데 계신 것 같이 우리도 빛 가운데 행하면 우리가 서로 사귐이 있고 그 아들 예수의 피가 우리를 모든 죄에서 깨끗하게 하실 것이요

But if we live in the light—just as he is in the light—then we have fellowship with one another, and the blood of Jesus, his Son, purifies us from every sin.

8 만일 우리가 죄가 없다고 말하면 스스로 속이고 또 진리가 우리 속에 있지 아니할 것이요

If we say that we have no sin, we deceive ourselves, and there is no truth in us.

9 만일 우리가 우리 죄를 자백하면 그는 미쁘시고 의로우사 우리 죄를 사하시며 우리를 모든 불의에서 깨끗하게 하실 것이요

If we say that we have no sin, we deceive ourselves, and there is no truth in us.

10 만일 우리가 범죄하지 아니하였다 하면 하나님을 거짓말하는 이로 만드는 것이니 또한 그의 말씀이 우리 속에 있지 아니하니라

If we say that we have not sinned, we make God out to be a liar, and his word is not in us.

육신하신 분의 초청에 응할 때 참된 기쁨이 임하게 된다.

1:5 하나님은 빛이시라. 빛은 상징적인 것으로 하나님은 참되고, 선하시며, 거룩하신 분이라는 의미다. **어둠이 조금도 없으시다.** '어둠'은 거짓과 미움 절망 등을 의미한다. 거짓과 악은 하나님과 전혀 관련이 없다. 하나님과 사귐을 갖기 위해서는 어떻게 해야 할까? 빛으로 가야 할까, 어둠으로 가야 할까?

1:6 하나님과의 사귐. 어둠이 아니라 빛을 행해야 한다. 빛의 길을 가야 빛 가운데 계신 하나님과 동행하는 것이다.

1:8 우리가 죄가 없다고 말하면 스스로 속이는 자. 이 당시에 거짓 선생들 중에 어떤 이들은 '하나님을 믿는 사람은 이제 죄가 없다'고 가르쳤던 것 같다. 오늘날에도 하나님을 믿기만 하면 자신은 죄가 문제되지 않는다고 말하는 사람이 있다. 어떤 이들은 자신의 죄와 무지와 싸우지 않고 있다. 그것이 다 이 말씀에 해당하는 죄인들이다. '죄가 없다고' 말하며 죄와 싸우지 않는 사람은 어둠 가운데 사는 것이다.

1:9 죄를 자백하면...모든 불의에서 깨끗하게 하실 것이요. 이것은 죄에 대해 단순히 자백하는 가벼운 회개를 말하는 것이 아니다. 이것은 자신의 죄를 깨닫고 그것을 미워하며 그것과 싸우는 것을 의미한다. 그렇게 철저히 회개하며 나가는 사람에게는 하나님께서 '미쁘시고 의로우사' 곧 죄를 용서하신다는 약속대로(미쁘시고) 그리고 죄에 대해 예수님의 대속을 통해(의로우사) 우리의 모든 불의를 깨끗하게 하실 것이다. 과거의 죄로 발목 잡히지 않도록 '모든 불의에서 깨끗하게 하셔서' 우리가 새로운 마음으로 죄와 싸워 이길 수 있도록 하시는 것이다.

1 나의 자녀들아 내가 이것을 너희에게 씀은 너희로 죄를 범하지 않게 하려 함이라 만일 누가 죄를 범하여도 아버지 앞에서 우리에게 대언자가 있으니 곧 의로우신 예수 그리스도시라

Christ Our Helper I am writing this to you, my children, so that you will not sin; but if anyone does sin, we have someone who pleads with the Father on our behalf—Jesus Christ, the righteous one.

2 그는 우리 죄를 위한 화목제물이니 우리만 위할 뿐 아니요 온 세상의 죄를 위하심이라

And Christ himself is the means by which our sins are forgiven, and not our sins only, but also the sins of everyone.

3 우리가 그의 계명을 지키면 이로써 우리가 그를 아는 줄로 알 것이요

If we obey God's commands, then we are sure that we know him.

4 그를 아노라 하고 그의 계명을 지키지 아니하는 자는 거짓말하는 자요 진리가 그 속에 있지 아니하되

Those who say that they know him, but do not obey his commands, are liars and there is no truth in them.

5 누구든지 그의 말씀을 지키는 자는 하나님의 사랑이 참으로 그 속에서 온전하게 되었나니 이로써 우리가 그의 안에 있는 줄을 아노라

All those who obey his word are people whose love for God has really been made perfect. This is how we can be sure that we are in union with God:

6 그의 안에 산다고 하는 자는 그가 행하시는 대로 자기도 행할지니라

those who say that they remain in union with God should live just as Jesus Christ did.

7 사랑하는 자들아 내가 새 계명을 너희에게 쓰는 것이 아니라 너희가 처음부터 가진 옛 계명이니 이 옛 계명은 너희가 들은 바 말씀이거니와

The New Command My dear friends, this command I am writing to you is not new; it is the old command, the one you have had from the very beginning. The old command is the message you have already heard.

8 다시 내가 너희에게 새 계명을 쓰노니 그에게와 너희에게도 참된 것이라 이는 어둠이 지나가고 참빛이 벌써 비침이니라

However, the command I am now writing to you is new, because its truth is seen in Christ and also in you. For the darkness is passing away, and the real light is already shining.

2장

2:1 내가 이것을 너희에게 씀은 너희로 죄를 범하지 않게 하려 함이라. 죄를 범하면 빛 되신 하나님과 함께 할 수 없다. 그러기에 하나님과 동행하고자 하는 사람은 죄를 범하지 말아야 한다. 죄와 멀어지는 두 가지 방법이 있다. 둘 다 매우 필요하다. 첫 번째, 죄를 짓지 않는 것이다. 아주 단순하다. 죄를 지으면 죄와 가까워지고 죄를 짓지 않으면 멀어진다. 요한은 그가 지금 이 글을 쓰는 가장 중요한 이유 중에 하나가 그들이 죄를 짓지 않도록 하는 것이라고 말한다. **누가 죄를 범하여도 아버지 앞에서 우리에게 대언자가 있으니.** '대언자'는 변호사 또는 지지 발언자 등의 의미이다. 우리의 사정을 잘 아시는 예수님께서 하나님께 우리 편에 서서 말씀해 주신다는 것이다. 그래서 우리의 죄가 용서받고 하나님과 동행할 수 있는 순결한 사람이 된다. 이때 중요한 것은 예수님께서 대언해 줄 수 있는 사람이 되어야 한다는 것이다. 중요한 것은 우리의 방향이다. 우리가 비록 죄를 범하고 있지만 죄를 범하지 않기 위해 애쓰고 있고 죄와 싸워 하나씩 죄를 이기는 방향을 걷고 있다면 예수님은 기꺼이 우리의 대언자로 서실 것이다. 그러나 우리가 만약 방향이 거꾸로 되어 있다면 대언하시는 예수님의 입장이 난처하실 것이다. 우리가 죄를 범하며 뻔뻔하거나 날이 갈수록 더 죄만 범하고 있다면 누가 보아도 대언하기에 적당하지 않다. 대언자이신 예수님은 무조건 우리 편 드시는 분이 아니라 의로우신 분이다.

2:2 우리 죄를 위한 화목 제물. 죄와 멀어지는 두 번째 비결은 죄 용서를 받는 것이다. 예수님이 우리 죄를 대속하셨다. 우리의 죄 값을 다 치르신 것이다. 우리의 제사장이 되시고 친히 화목제물이 되셨다. **온 세상의 죄를 위하심이라.** 이것은 온 세상의 죄의 짐을 다 지셨다는 의미가 아니고 온 세상의 누구든 믿는 자라면 그의 짐을 지셨다는 것을 의미한다. 그러기에 스스로 믿음 밖에 두지 말고 믿음 안으로 들어가 죄의 짐을 벗어 던져야 한다. 무거운 죄의 옷을 벗어 던지고 순결한 마음과 몸으로 하

9 빛 가운데 있다 하면서 그 형제를 미워하는 자는 지금까지 어둠에 있는 자요

Those who say that they are in the light, yet hate their brothers and sisters, are in the darkness to this very hour.

10 그의 형제를 사랑하는 자는 빛 가운데 거하여 자기 속에 거리낌이 없으나

Those who love their brothers and sisters live in the light, and so there is nothing in them that will cause someone else to sin.

11 그의 형제를 미워하는 자는 어둠에 있고 또 어둠에 행하며 갈 곳을 알지 못하나니 이는 그 어둠이 그의 눈을 멀게 하였음이라

But those who hate their brothers and sisters are in the darkness; they walk in it and do not know where they are going, because the darkness has made them blind.

12 자녀들아 내가 너희에게 쓰는 것은 너희 죄가 그의 이름으로 말미암아 사함을 받았음이요

I am writing to you, my children, because your sins are forgiven for the sake of Christ.

13 아비들아 내가 너희에게 쓰는 것은 너희가 태초부터 계신 이를 알았음이요 청년들아 내가 너희에게 쓰는 것은 너희가 악한 자를 이기었음이라

I am writing to you, fathers, because you know him who has existed from the beginning. I am writing to you, young people, because you have defeated the Evil One.

14 아이들아 내가 너희에게 쓴 것은 너희가 아버지를 알았음이요 아비들아 내가 너희에게 쓴 것은 너희가 태초부터 계신 이를 알았음이요 청년들아 내가 너희에게 쓴 것은 너희가 강하고 하나님의 말씀이 너희 안에 거하시며 너희가 흉악한 자를 이기었음이라

I am writing to you, my children, because you know the Father. I am writing to you, fathers, because you know him who has existed from the beginning. I am writing to you, young people, because you are strong; the word of God lives in you, and you have defeated the Evil One.

15 이 세상이나 세상에 있는 것들을 사랑하지 말라 누구든지 세상을 사랑하면 아버지의 사랑이 그 안에 있지 아니하니

Do not love the world or anything that belongs to the world. If you love the world, you do not love the Father.

나님과 동행하는 삶을 살아야 한다.

2:3 우리가 하나님을 참으로 알고 있음을 알게 되는 것. 다른 말로 말하면 '구원의 확신'이라고도 할 수 있다. 구원의 확신은 중요하다. 구원의 확신을 갖게 되는 것은 여러 방법이 성경에서 나온다. 이 구절은 특별히 그 방법이 '윤리적' 특징을 가지고 있는 말씀에 대한 순종으로 나타난다고 말씀한다. 말씀을 순종하고 있으면 자신이 구원의 확신을 할 수 있고 그렇지 않으면 확신을 할 수 없다는 것이다. 여기에서 '말씀을 순종한다'는 것은 그가 말씀을 어길 때가 결코 없다는 뜻이 아니라 그의 삶이 주로 말씀에 대한 순종으로 특징되어진다는 것을 의미한다.

2:4 하나님의 계명을 지키지 아니하는 사람은 거짓말하는 자. '하나님을 믿는다'고 말은 하지만 여전히 하나님의 말씀을 지키는 것에 대해서는 무관심하고 쉽게 말씀을 어기고 있다면 그는 하나님을 믿는 사람이 아니다.

2:5 말씀을 지키는 자. 신앙인이 죄의 짐 옷을 벗고 대신 입어야 하는 것은 계명의 옷이다. 하나님의 말씀을 지키는 것이 '하나님을 사랑한다'는 말을 실제로서 증명한다. 하나님을 사랑한다 하면서 말씀에 순종하지 않는다면 사랑하는 것이 아니다.

2:6 "하나님 안에 있다고 하는 사람은 자기도 그리스도께서 사신 것과 같이 마땅히 그렇게 살아가야 합니다." (요한1서 2:6, 새번역) 하나님 안에 산다고 즉 빛 가운데 산다고 말하는 사람은 반드시 예수님께서 사신 것과 같이 말씀을 지키면서 살아야 한다.

2:7 처음부터 가진 옛 계명. 말씀을 지키는 것의 핵심은 '사랑하는 것'이다. 사랑하는 것은 '너희가 처음부터 가진 옛 계명이니'라고 말씀한다. 말씀에 순종한다는 것,

16 이는 세상에 있는 모든 것이 육신의 정욕과 안목의 정욕과 이생의 자랑이니 다 아버지께로부터 온 것이 아니요 세상으로부터 온 것이라

Everything that belongs to the world—what the sinful self desires, what people see and want, and everything in this world that people are so proud of—none of this comes from the Father; it all comes from the world.

17 이 세상도, 그 정욕도 지나가되 오직 하나님의 뜻을 행하는 자는 영원히 거하느니라

The world and everything in it that people desire is passing away; but those who do the will of God live for ever.

18 아이들아 지금은 마지막 때라 적그리스도가 오리라는 말을 너희가 들은 것과 같이 지금도 많은 적그리스도가 일어났으니 그러므로 우리가 마지막 때인 줄 아노라

The Enemy of Christ My children, the end is near! You were told that the Enemy of Christ would come; and now many enemies of Christ have already appeared, and so we know that the end is near.

19 그들이 우리에게서 나갔으나 우리에게 속하지 아니하였나니 만일 우리에게 속하였더라면 우리와 함께 거하였으려니와 그들이 나간 것은 다 우리에게 속하지 아니함을 나타내려 함이니라

These people really did not belong to our fellowship, and that is why they left us; if they had belonged to our fellowship, they would have stayed with us. But they left so that it might be clear that none of them really belonged to us.

20 너희는 거룩하신 자에게서 기름 부음을 받고 모든 것을 아느니라

But you have had the Holy Spirit poured out on you by Christ, and so all of you know the truth.

21 내가 너희에게 쓰는 것은 너희가 진리를 알지 못하기 때문이 아니라 알기 때문이요 또 모든 거짓은 진리에서 나지 않기 때문이라

I am writing to you, then, not because you do not know the truth; instead, it is because you do know it, and you also know that no lie ever comes from the truth.

22 거짓말하는 자가 누구냐 예수께서 그리스도이심을 부인하는 자가 아니냐 아버지와 아들을 부인하는 그가 적그리스도니

Who, then, is the liar? It is those who say that Jesus is not the Messiah. Such people are the Enemies of Christ—they reject both the Father and the Son.

사랑한다는 것은 새삼스러운 것이 아니다. 옛날부터 모든 신앙인이 지켰던 것으로 신앙의 길이다.

2:8 새 계명을 쓰노니. 앞에서 말씀에 순종하고 서로 사랑하는 것이 옛 계명이라 하였다. 그런데 8절에서는 '새 계명'이라고 말씀한다. 왜 서로 상반되는 것 같을까? '새 계명'의 의미를 알아야 한다. 새 계명이라는 것은 옛날에 없는 새로운 것이라는 의미가 아니다. 이것은 사람들 마음에 구현되어야 하는 새로움이다. 예수님께서 새 계명을 말씀하신 것이 요한의 편지를 받는 사람들에게는 시기적으로 옛 계명이다. 그러나 새 계명으로 들어야 한다. 예수님께서 서로 사랑하라는 새 계명을 주셨다. 그것은 제자들이 서로 사랑하는 것이 그들 안에 새롭게 실천되어야 하는 것이기 때문이다. 그러한 실천은 예수님 때나 요한의 때나 지금 말씀을 보는 사람에게나 마찬가지다. **어둠이 지나가고 참 빛이 벌써 비침이라.** '어둠'은 '죄가 많은 현재의 시대'이고 '참 빛'은 '주님의 나라로서 오는 시대'를 의미한다. 어둠이 지나가고 있다. 이제 곧 종식될 것이다. 참 빛은 이미 오셨고 또한 주님 재림하심으로 완성될 것이다. 그러기에 신앙인은 참 빛의 법인 계명에 순종하고 사랑하는 일에 힘을 다해야 한다. 그것이 우리의 새 계명이 되게 해야 한다. 날마다 새 옷을 장만하고 더 좋은 계명의 옷을 장만해야 한다. 더 많고 풍성하고 아름다운 계명의 옷을 예쁘게 입어야 한다.

2:11 형제를 미워하는 자는 어둠에 있고. 누군가를 미워하는 이유가 다양하다. 미워하는 것이 매우 타당하게 보이는 경우도 있다. 그러나 그래도 미워해서는 안 된다.

2:12 자녀들아. 12-14절에는 여러 호칭이 나온다. 자녀, 아비, 청년, 아이들을 어떻게 보아야 할지 여러 의견이 있다. '자녀' '아이'는 서신을 받는 모든 성도들을 의미하는 것이 확실해 보인다. 아비와 청년은 모든 성도들을 두 부류로 나누어 나이가 많은 부류와 젊은 부류로 나눈 것으로 볼 수 있다. 그런데 그 충고의 내용을 보면 꼭

23 아들을 부인하는 자에게는 또한 아버지가 없으되 아들을 시인하는 자에게는 아버지도 있느니라

For all those who reject the Son also reject the Father; those who accept the Son have the Father also.

24 너희는 처음부터 들은 것을 너희 안에 거하게 하라 처음부터 들은 것이 너희 안에 거하면 너희가 아들과 아버지 안에 거하리라

Be sure, then, to keep in your hearts the message you heard from the beginning. If you keep that message, then you will always live in union with the Son and the Father.

25 그가 우리에게 약속하신 것은 이것이니 곧 영원한 생명이니라

And this is what Christ himself promised to give us—eternal life.

26 너희를 미혹하는 자들에 관하여 내가 이것을 너희에게 썼노라

I am writing this to you about those who are trying to deceive you.

27 너희는 주께 받은 바 기름 부음이 너희 안에 거하나니 아무도 너희를 가르칠 필요가 없고 오직 그의 기름 부음이 모든 것을 너희에게 가르치며 또 참되고 거짓이 없으니 너희를 가르치신 그대로 주 안에 거하라

But as for you, Christ has poured out his Spirit on you. As long as his Spirit remains in you, you do not need anyone to teach you. For his Spirit teaches you about everything, and what he teaches is true, not false. Obey the Spirit's teaching, then, and remain in union with Christ.

28 자녀들아 이제 그의 안에 거하라 이는 주께서 나타내신 바 되면 그가 강림하실 때에 우리로 담대함을 얻어 그 앞에서 부끄럽지 않게 하려 함이라

Yes, my children, remain in union with him, so that when he appears we may be full of courage and need not hide in shame from him on the Day he comes.

29 너희가 그가 의로우신 줄을 알면 의를 행하는 자마다 그에게서 난 줄을 알리라

You know that Christ is righteous; you should know, then, that everyone who does what is right is God's child.

그렇게 나눌 필요는 없을 것 같다. 그래서 이 호칭은 성도에 대한 다양한 호칭으로 보는 것이 좋을 것 같다. **내가 너희에게 쓰는 것은**. 이 말을 반복하여 사용하고 있다. 이것은 강조다. 미워할 만한 일이 충분히 있지만 그러나 그것에 빠지지 말고 신앙인이라는 정체성으로 사랑해야 한다. **죄가 그의 이름으로 말미암아 사함을 받았음이요**. 우리의 죄가 어떻게 사함 받았는 지를 생각해 보아야 한다. 그리스도의 십자가다. 미워하고 싶어도 우리가 죄인 되었을 때에 십자가로 사함 받은 사실을 아는 사람은 미워하지 못한다.

2:13 아비들아…태초부터 계신 이를 알았음이요. 우리는 '아비'처럼 성숙한 믿음이어야 한다. '태초부터 계신 영광스러운 그 분'이 이 땅에 오셔서 어떤 일을 겪으셨는 지를 알기에 우리도 이제는 조금 더 큰 마음을 가져야 한다. 매우 크신 분이 낮은 자가 되셨으니 우리도 낮은 자가 되는 것에 대해 여유를 가질 수 있는 조금은 큰 사람 아비가 되어야 한다. 조금 더 강한 마음을 가져야 한다. **청년들아…너희가 악한 자를 이기었음이라**. 신앙인은 믿음으로 사탄(악한 자)를 이긴 사람이다. 청년의 기백을 가지고 오늘 우리에게 닥친 악한 자의 술수를 이겨야 한다. 악한 자가 우리를 미워하게 하고 절망하게 하려고 한다. 그러나 우리는 이전에 그 악한 자를 이겼었다. 그 악한 자는 새로운 무엇이 아니다. 오늘 다시 우리의 약한 점을 파고 드는 악한 자에 대해 강한 마음을 가지고 대적해야 한다.

2:15 이 세상에 있는 것들을 사랑하지 말라. 하나님께서 '사랑하지 말라'고 하신 것을 사랑하고 있는 사람이 많다. 요한은 그것을 경고한다. 이것은 염세주의적 사고를 말하는 것이 아니다. 세상적인 가치를 따르는 것에 대한 말씀이다. 때로는 겉으로 볼 때 좋은 것도 포함한다. 어떤 때는 교회의 봉사까지도 포함할 수 있다. 이것은 '하나님을 사랑'하는 마음을 빼앗은 모든 것이다. **누구든지 세상을 사랑하면 아버지의 사랑이 그 안에 있지 아니하니**. '아버지의 사랑'은 하나님을 향한 사랑을 의미한다.

영어 소유격은 '하나님이 사랑' 또는 '하나님을 사랑'으로 해석할 수 있다. 헬라어도 마찬가지다. 문맥에 따라 결정한다. 본문에서는 '하나님을 사랑'으로 보는 것이 맞다. 우리의 마음이 세상을 사랑하느라 마음의 자리에 세상의 것들이 다 자리를 잡아서 하나님을 사랑할 자리가 없다고 말한다. 결과적으로는 '하나님께서 우리를 사랑'하시는 사랑조차도 잃게 된다.

2:16 육신의 정욕과 안목의 정욕과 이생의 자랑. 세상에 있는 것을 사랑하지 말아야 할 구체적 3가지 종류이다. '육신의 정욕'은 사람의 죄악된 본성이 잘못된 것을 열망하는 것을 의미한다. '안목의 정욕'은 눈으로 봄에서 생기는 탐욕을 의미한다. 시기를 포함한다. 기분이 좋았는데 친구가 더 좋은 차를 타고 다니는 것을 보면 그때부터 기분이 안 좋고 탐욕이 생긴다. 사실 나에게 필요한 것도 나의 것도 아닌데 눈으로 보고나서 생긴 육신의 정욕들이 있다. 그것을 안목의 정욕이라 부른다. 눈의 탐욕은 매우 게걸스럽다. 만족을 모르는 탐욕이다. '이생의 자랑'은 '(물질)소유의 자랑'으로 번역하는 것이 더 좋을 것 같다. 사람들은 소유를 자랑한다. 매우 교만해서 자신은 그렇게 소유해야 한다고 생각하고 다른 사람보다 더 소유하면 그것을 기뻐한다. 자신이 소유한 것이 선한 곳으로 흘러가면 얼마나 더 좋은 열매를 맺는지를 생각하지 못하고 오직 자랑하기 위해 과소유 한다. 교만으로 이어진다.

2:17 지나가되. 진행의 의미다. 사람들이 사랑한 세상, 그들이 채우기에 급급하였던 육체의 정욕은 지나가고 있다. 지금은 커 보일지 모르지만 계속 작아지고 있다. 주님 오시면 제로가 될 것이다. 아니 마이너스가 될 것이다. **영원히 거하느니라.** '하나님의 뜻을 행하는 자'의 삶은 점점 더 커지고 있다. 지금은 다른 사람들의 눈에 보이지도 않지만 점점 더 커져 영원히 빛날 것이다.

2:18 마지막 때. 주님의 초림과 재림 사이의 기간. 말세를 살아가는 사람들은 깨어

있어 주님의 재림을 기다리고 준비해야 한다. 요한의 때도 말세요 지금도 말세이니 말세가 매우 길다고 생각할 수 있다. 그러나 그 때나 지금이나 사실 거의 똑 같다. 주님의 재림이 매우 촉박하다. 마지막 시대를 살아가는 자세로 살아가야 한다. **적그리스도**. 요한일서와 요한이서에만 나오는 단어다. 적그리스도는 자신이 재림하신 그리스도인 것처럼 가장하는 의미와 그리스도를 대적하는 경우 두 가지가 있다. 이단들은 주로 자신이 재림주라고 말한다. 적그리스도다. 또한 그리스도를 대적하여 행동하는 사람들이 있다. 그들도 적그리스도다.

2:19 우리에게서 나갔으나 우리에게 속하였더라면 우리와 함께 거하였으려니와 그들이 나간 것은 다 우리에게 속하지 아니함을 나타내려 함. 오늘날에도 교회에 다니다가 이단교회에 다니는 사람들이 있다. 이단교회에 다니는 사람들과 교제는 끊어야 한다. 그들은 함께 거할 사람이 아니다. 함께 거하는 것은 매우 중요하다. 우리는 하나님의 뜻인 말씀 안에 거하는 사람이 되어야 한다.

2:22 아버지와 아들을 부인하는 그가 적그리스도니. 하나님을 부인하고 예수께서 그리스도임을 부인하는 자가 적그리스도라 말한다.

2:25 영원한 생명. 신앙인은 죽음의 길에서 생명의 길로 가는 것이다. 썩을 것에서 영원한 길로 가는 것이다.

2:27 기름 부음이 너희 안에 거하나니. 회심 때 임재하는 성령의 내주하심을 말한다. **그의 기름 부음이 모든 것을 너희에게 가르치며.** '기름부음'은 '성령'을 의미한다. 예수님이 보내신 성령이 가르치신다는 뜻이다.

2:28 자녀들아 이제 그의 안에 거하라. 주님의 재림을 기다리는 사람은 주님이 오시

기 전 이 땅에서 주님 안에 거하면서 기다려야 한다. 만약 주님 안에 머물지 않으면 주님 오실 때에 주님과 상관없는 사람이 될 것이다. **그가 강림하실 때...우리로 부끄럽지 않게 하려 함이라.** 세상의 정욕을 좇아가는 것을 버리고 주 안에 거해야 한다. 말씀과 성령으로 주 안에 거해야 한다. 세상에 있는 것들을 사랑하는 것이 지금은 부끄럽게 보이지 않지만 주님이 재림하시면 그것이 얼마나 부끄럽고 큰 죄인지를 알게 될 것이다.

2:29 그가 의로우신 줄을 알면 의를 행하는 자마다 그에게서 난 줄을 알리라. 우리가 기다리는 주님이 의로우신 분임을 안다면 우리는 주님의 의로우심을 따라 이 땅에서 '의를 행하는 자'가 되어야 주님의 재림을 올바르게 기다리는 사람이다. 주님이 의로우신 분임을 알면서 이 땅에서 의를 행하지 않고 있다면 그는 주를 기다리는 사람이 아니다.

요한일서 3:1-24

1 보라 아버지께서 어떠한 사랑을 우리에게 베푸사 하나님의 자녀라 일컬음을 받게 하셨는가, 우리가 그러하도다 그러므로 세상이 우리를 알지 못함은 그를 알지 못함이라

Children of God See how much the Father has loved us! His love is so great that we are called God's children—and so, in fact, we are. This is why the world does not know us: it has not known God.

2 사랑하는 자들아 우리가 지금은 하나님의 자녀라 장래에 어떻게 될지는 아직 나타나지 아니하였으나 그가 나타나시면 우리가 그와 같을 줄을 아는 것은 그의 참모습 그대로 볼 것이기 때문이니

My dear friends, we are now God's children, but it is not yet clear what we shall become. But we know that when Christ appears, we shall be like him, because we shall see him as he really is.

3 주를 향하여 이 소망을 가진 자마다 그의 깨끗하심과 같이 자기를 깨끗하게 하느니라

Everyone who has this hope in Christ keeps himself pure, just as Christ is pure.

4 죄를 짓는 자마다 불법을 행하나니 죄는 불법이라

Whoever sins is guilty of breaking God's law, because sin is a breaking of the law.

5 그가 우리 죄를 없애려고 나타나신 것을 너희가 아나니 그에게는 죄가 없느니라

You know that Christ appeared in order to take away sins, and that there is no sin in him.

6 그 안에 거하는 자마다 범죄하지 아니하나니 범죄하는 자마다 그를 보지도 못하였고 그를 알지도 못하였느니라

So everyone who lives in union with Christ does not continue to sin; but whoever continues to sin has never seen him or known him.

7 자녀들아 아무도 너희를 미혹하지 못하게 하라 의를 행하는 자는 그의 의로우심과 같이 의롭고

Let no one deceive you, my children! Whoever does what is right is righteous, just as Christ is righteous.

3장

3:1 하나님의 자녀. 우리는 하나님의 자녀다. 하나님의 자녀가 되었다는 것은 하나님의 큰 사랑을 입었다는 것을 의미한다. 세상 사람들은 우리를 부러워하지 않는다. 그러나 그들이 부러워하는 어떤 사람보다 더 위대하고 존귀하다. 그들이 하나님을 알지 못하기 때문에 우리의 위대함을 모르는 것일 뿐이다.

3:2 장래에 어떻게 될지는 아직 나타나지 아니하였으나. 이 땅에서는 아직 하나님의 존귀한 자녀의 영광이 잘 드러나지 않기 때문에 스스로도 그것을 놓치는 경우가 있다. 그러나 그리스도께서 재림하시면 우리가 부활하여 참으로 영광스러운 존재라는 것이 밝히 드러날 것이다.

3:3 그의 깨끗하심과 같이 자기를 깨끗하게 하느니라. 주님이 오시는 것을 기다리며 그때에 영광 중에 주님을 만나길 소망하는 사람은 의를 말할 뿐만 아니라 의를 행하는 사람이 되어야 한다. 우리가 하나님의 자녀이기에 예수님의 모습을 닮아가야 한다. 깨끗해야 한다. 의를 행하라. 그것이 주님 오심을 준비하는 것이다. 잘못된 종말론을 가진 사람들을 보면 윤리가 엉터리다. 그들이 주님의 오심을 열렬히 기다려도 주님 오셔서 그들을 받아주시는 것이 아니라 심판하실 것이다. 주님은 의로운 심판장으로 오신다.

3:4 죄는 불법이라. 죄는 '하나님을 대항하는 것'이다. 죄는 하나님을 대항하는 것으로서 하나님과 멀어지게 한다. 하나님의 자녀는 죄를 범하지 말아야 한다.

3:5 우리 죄를 없애려고 나타나신 것. 예수님은 우리의 죄를 대속하심으로 우리를 정결하게 하기 위해 오셨다. 죄가 없으신 분이 우리의 죄를 대신 짊어지고 죽으셨다.

8 죄를 짓는 자는 마귀에게 속하나니 마귀는 처음부터 범죄함이라 하나님의 아들이 나타나신 것은 마귀의 일을 멸하려 하심이라

Whoever continues to sin belongs to the Devil, because the Devil has sinned from the very beginning. The Son of God appeared for this very reason, to destroy what the Devil had done.

9 하나님께로부터 난 자마다 죄를 짓지 아니하나니 이는 하나님의 씨가 그의 속에 거함이요 그도 범죄하지 못하는 것은 하나님께로부터 났음이라

None of those who are children of God continue to sin, for God's very nature is in them; and because God is their Father, they cannot continue to sin.

10 이러므로 하나님의 자녀들과 마귀의 자녀들이 드러나나니 무릇 의를 행하지 아니하는 자나 또는 그 형제를 사랑하지 아니하는 자는 하나님께 속하지 아니하니라

This is the clear difference between God's children and the Devil's children: all who do not do what is right or do not love others are not God's children.

11 우리는 서로 사랑할지니 이는 너희가 처음부터 들은 소식이라

Love One Another The message you heard from the very beginning is this: we must love one another.

12 가인 같이 하지 말라 그는 악한 자에게 속하여 그 아우를 죽였으니 어떤 이유로 죽였느냐 자기의 행위는 악하고 그의 아우의 행위는 의로움이라

We must not be like Cain; he belonged to the Evil One and murdered his own brother Abel. Why did Cain murder him? Because the things he himself did were wrong, but the things his brother did were right.

13 형제들아 세상이 너희를 미워하여도 이상히 여기지 말라

So do not be surprised, my brothers and sisters, if the people of the world hate you.

14 우리는 형제를 사랑함으로 사망에서 옮겨 생명으로 들어간 줄을 알거니와 사랑하지 아니하는 자는 사망에 머물러 있느니라

We know that we have left death and come over into life; we know it because we love our brothers and sisters. Whoever does not love is still under the power of death.

그것은 참으로 위대한 사랑이다. 그렇게 하신 것은 우리가 죄를 가지고는 하나님께 나갈 수 없기 때문이다. 우리는 죄가 없어야 한다.

3:6 그 안에 거하는 자마다 범죄하지 아니하나니. 우리는 예수님 안에 거함으로 '죄와의 싸움'에서 이겨야 한다. 예수님 안에 있지 않으면 우리는 죄를 좋아할 것이다. 죄가 우리에게 많은 달콤한 약속을 하기 때문이다. 그러나 예수님 안에 거하면 예수님이 죄와 함께 할 수 없기 때문에 우리도 죄와 함께 할 수 없다. 우리가 죄와 싸우지 않고 죄를 범하는 것은 예수님과 대적이 되는 것이다. 예수님 안에 거하는 모습이 아니라 예수님 밖에 있는 것이며 예수님과 대적하는 모습이다. 신앙인은 죄를 범하지 않는 완벽한 사람이라는 뜻은 아니다. 신앙인이 어떤 죄를 범하든 그 죄를 범한다는 것은 그 순간은 예수님과 대적하는 것이다. 최소한 그 순간만은 그렇다. 죄를 범하는 순간은 주인으로 받아들인 예수님을 거절하는 것이다.

3:8 죄를 짓는 자는 마귀에게 속하나니. 죄를 범하면 마귀에게 속한 것을 행하는 것이다. 예수님은 마귀의 일인 죄를 멸하려 오셨다. 우리는 마귀를 따라 죄를 범하는 사람이 아니라 예수님을 따라 죄를 멸하는 사람이 되어야 한다. 우리에게는 여전히 죄가 있다. 이때 방향이 중요하다. 죄와 싸우지 않고 시간이 흘러도 계속 죄를 범하는 사람인지 아니면 오늘 죄를 범하고 슬퍼하며 그것이 마귀의 일인지를 알아 믿음으로 죄와 싸워 하나씩 마귀의 일을 멸하는 사람인지가 중요하다.

3:10 의를 행하지 아니하는 자나 또는 그 형제를 사랑하지 아니하는 자는 하나님께 속하지 아니하니라. '의를 행하고 형제를 사랑하는 자'는 하나님의 자녀다. 그러나 '범죄하는 자 또는 사랑하지 아니하는 자'는 마귀의 자녀다. 그러기에 우리는 범죄하는 자가 아니라 의를 행하는 자가 되어 하나님의 자녀가 되어야 한다.

15 그 형제를 미워하는 자마다 살인하는 자니 살인하는 자마다 영생이 그 속에 거하지 아니하는 것을 너희가 아는 바라

All who hate others are murderers, and you know that murderers have not got eternal life in them.

16 그가 우리를 위하여 목숨을 버리셨으니 우리가 이로써 사랑을 알고 우리도 형제들을 위하여 목숨을 버리는 것이 마땅하니라

This is how we know what love is: Christ gave his life for us. We too, then, ought to give our lives for our brothers and sisters!

17 누가 이 세상의 재물을 가지고 형제의 궁핍함을 보고도 도와 줄 마음을 닫으면 하나님의 사랑이 어찌 그 속에 거하겠느냐

Rich people who see a brother or sister in need, yet close their hearts against them, cannot claim that they love God.

18 자녀들아 우리가 말과 혀로만 사랑하지 말고 행함과 진실함으로 하자

My children, our love should not be just words and talk; it must be true love, which shows itself in action.

19 이로써 우리가 진리에 속한 줄을 알고 또 우리 마음을 주 앞에서 굳세게 하리니

Courage before God This, then, is how we will know that we belong to the truth; this is how we will be confident in God's presence.

20 이는 우리 마음이 혹 우리를 책망할 일이 있어도 하나님은 우리 마음보다 크시고 모든 것을 아시기 때문이라

If our conscience condemns us, we know that God is greater than our conscience and that he knows everything.

21 사랑하는 자들아 만일 우리 마음이 우리를 책망할 것이 없으면 하나님 앞에서 담대함을 얻고

And so, my dear friends, if our conscience does not condemn us, we have courage in God's presence.

22 무엇이든지 구하는 바를 그에게서 받나니 이는 우리가 그의 계명을 지키고 그 앞에서 기뻐하시는 것을 행함이라

We receive from him whatever we ask, because we obey his commands and do what pleases him.

3:11 우리는 서로 사랑할지니. 하나님의 자녀는 하나님과의 거룩한 동행(사귐)을 하는 사람들이다. 하나님의 빛을 따라 걸어가야 한다. 하나님의 자녀로서 하나님과 거룩한 동행을 한다는 증거로서 중요한 것 중에 하나는 신앙인들끼리 서로 사랑하는 것이다. 신앙인이 서로 사랑하는 것은 신앙인의 부가적 의무이기 보다는 신앙의 출발점부터 들었던 근본적인 것이다.

3:12 가인 같이 하지 말라. 가인은 하나님을 부인한 것이 아니라 '아우'를 죽였다. 그가 아우를 시기하여 죽인 것은 '악한 자에게 속한 자'라는 것을 보여준다. 교회 공동체에서 시기를 많이 본다. 성도는 시기의 대상이 아니라 사랑의 대상이다.

3:13 세상이 너희를 미워하여도. 우리는 세상에서 미움을 배울 때가 많다. 특별히 세상에서 미움을 받으면 더욱더 그러하다. 세상은 미움이 일반적이다. 그래서 세상이 미워하는 것을 이상하게 여길 필요가 없다. 대신 성도는 세상에서 미움을 배우지 말아야 한다.

3:14 형제를 사랑함으로 사망에서 옮겨 생명으로 들어간 줄을 알거니와. 신앙인의 기본 정체성은 사랑이다. 우리가 믿는다는 것은 사랑한다는 것이다. 그리스도의 사랑을 받아들이는 것이 믿음이다. 그리스도의 사랑을 따르는 것이 믿음이다. 신앙인은 미움에서 돌이켜 사랑을 행하는 사람이다. 믿음과 사랑을 동일시하여 말씀하고 있다. 그만큼 사랑은 믿음의 핵심이요 닮은꼴이다.

3:16 그가 우리를 위하여 목숨을 버리셨으니 우리가...사랑을 알고 우리도 형제들을 위하여 목숨을 버리는 것이 마땅하니라. 우리의 신앙은 '그가 우리를 위하여 목숨을 버리셨다'는 것을 확신하는 것에서 시작한다. 우리는 하나님 사랑의 위대함을 깨닫고 믿는 것이다. 닮아가는 것이다. 우리가 형제를 위하여 목숨을 버리는 것 이 예수님

23 그의 계명은 이것이니 곧 그 아들 예수 그리스도의 이름을 믿고 그가 우리에게 주신 계명대로 서로 사랑할 것이니라

What he commands is that we believe in his Son Jesus Christ and love one another, just as Christ commanded us.

24 그의 계명을 지키는 자는 주 안에 거하고 주는 그의 안에 거하시나니 우리에게 주신 성령으로 말미암아 그가 우리 안에 거하시는 줄을 우리가 아느니라

Those who obey God's commands live in union with God and God lives in union with them. And because of the Spirit that God has given us we know that God lives in union with us.

만큼은 안 될 것이다. 그러나 우리의 사랑을 키워가야 한다. 형제를 더 사랑하기 위해 살아야 한다. 자기 사랑에 머물지 말고 성도 사랑을 키워가야 한다.

3:18 말과 혀로만 사랑하지 말고 행함과 진실함으로. '말과 혀' 그리고 '행함과 진실'이 강조된 문장이다. 사랑한다면 말로 표현할 수도 있다. 그러나 사랑의 진실성은 역시 행함으로 나타난다. 작은 것이라도 사랑한다면 행해야 한다.

3:19 우리가 진리에 속한 줄을 알고 또 우리 마음을 주 앞에서 굳세게 하리니. 믿음을 가지고 있기 때문에 어떤 행동을 한다. 또한 뒤집어서 보면 어떠한 행동을 하기 때문에 믿음이 있다는 것을 볼 수도 있다. 그렇게 사랑의 행동들을 하는 것을 보면 자신이 믿음을 가진 것을 더 확신하게 되고 예수님 앞에서도 믿음의 확신을 가지게 된다고 말씀한다. 오늘 사랑하지도 않으면서 믿음의 확신을 가진 사람들이 있다. 그것은 거짓 확신이다. '구원의 확신'을 가지려면 이 말씀에 따라 사랑하고 있어야 한다. 사랑 없는 구원의 확신은 거짓이다.

3:20 우리 마음이 혹 우리를 책망할 일이 있어도. 우리가 사랑하는 행동을 많이 하여도 여전히 잘못도 행하여 자신 마음의 양심이 '너는 여전히 믿음이 없는 사람이야'라고 말할 수 있다. **하나님은 우리 마음보다 크시고.** 하나님은 우리 마음보다 더 크시다. 특별히 자비의 마음이 그러하다. **모든 것을 아시기 때문이라.** 양심이 우리의 잘못을 부각시키지만 하나님은 우리가 행한 사랑의 행동들을 다 기억하시고 우리를 긍휼히 여기셔서 우리의 죄를 사하시고 용서하신다는 말씀이다. 그러기에 자신의 부족함 때문에 믿음의 확신이 없는 사람이라 할지라도 때로는 오히려 하나님께서 믿음의 사람으로 받아주신다는 사실을 알아야 한다. 중요한 것은 사랑하는 것이다. 우리가 사랑하지 않으면 그것 또한 하나님이 아신다.

3:21 우리 마음이 우리를 책망할 것이 없으면 하나님 앞에서 담대함을 얻고. 사랑하며 사는 사람이 양심에 비추어 거리낌이 없으면 금상첨화다. 그렇다면 그는 확실히 믿음의 확신을 가질 수 있다. 참으로 행복한 사람이다. 그러기에 사랑의 행위를 하고 있고 다른 면에 있어서도 양심의 거리낌이 없이 믿음의 길을 가는 것이 참으로 귀한 길이다.

3:22 무엇이든지 구하는 바를 그에게서 받나니. 얼마나 행복한 말씀인가? 물론 이것은 기도하는 것을 무엇이든지 기계적으로 응답하신다는 의미는 아니다. 아무리 좋은 것도 사람마다 소명이 다르다. 그러나 최소한 '장애물'은 없다는 것은 분명하다. 많은 사람들이 장애물 때문에 그가 누려야 하는 삶을 많이 누리지 못하며 살고 있다. 사랑하지 않고 살고 있기 때문이다. 사랑함으로 섬기라. 그러면 하나님께서 필요한 것을 채워 주실 것이다. 하나님께서 주시는 것으로 사랑으로 줄 수 있으니 이렇게 좋은 장사가 세상에 어디 있는가? 없는 것으로 '사랑하라' 하지 않으셨다. 있는 것으로 사랑하면 된다. 우리는 생각보다 다양한 많은 것을 가지고 있다. 사랑하려고 하지 않아서 몰랐던 것일 뿐 사랑하려고 하면 이미 사랑할 수 있는 많은 것을 가지고 있다.

1 사랑하는 자들아 영을 다 믿지 말고 오직 영들이 하나님께 속하였나 분별하라 많은 거짓 선지자가 세상에 나왔음이라

The True Spirit and the False My dear friends, do not believe all who claim to have the Spirit, but test them to find out if the spirit they have comes from God. For many false prophets have gone out everywhere.

2 이로써 너희가 하나님의 영을 알지니 곧 예수 그리스도께서 육체로 오신 것을 시인하는 영마다 하나님께 속한 것이요

This is how you will be able to know whether it is God's Spirit: anyone who acknowledges that Jesus Christ came as a human being has the Spirit who comes from God.

3 예수를 시인하지 아니하는 영마다 하나님께 속한 것이 아니니 이것이 곧 적그리스도의 영이니라 오리라 한 말을 너희가 들었거니와 지금 벌써 세상에 있느니라

But anyone who denies this about Jesus does not have the Spirit from God. The spirit that he has is from the Enemy of Christ; you heard that it would come, and now it is here in the world already.

4 자녀들아 너희는 하나님께 속하였고 또 그들을 이기었나니 이는 너희 안에 계신 이가 세상에 있는 자보다 크심이라

But you belong to God, my children, and have defeated the false prophets, because the Spirit who is in you is more powerful than the spirit in those who belong to the world.

5 그들은 세상에 속한 고로 세상에 속한 말을 하매 세상이 그들의 말을 듣느니라

Those false prophets speak about matters of the world, and the world listens to them because they belong to the world.

6 우리는 하나님께 속하였으니 하나님을 아는 자는 우리의 말을 듣고 하나님께 속하지 아니한 자는 우리의 말을 듣지 아니하나니 진리의 영과 미혹의 영을 이로써 아느니라

But we belong to God. Whoever knows God listens to us; whoever does not belong to God does not listen to us. This, then, is how we can tell the difference between the Spirit of truth and the spirit of error.

4장

4:1 영을 다 믿지 말고...하나님께 속하였나 분별하라. 영은 성령만 있는 것이 아니고 악령도 있다. 목사가 하는 말이라도 다 믿어도 안 된다. 자신에게 감동이 된 것이라고 다 믿어도 안 된다. 심지어는 자신이 깨달은 성경 말씀이라고 다 믿어도 안 된다. 우리의 믿음은 자신의 생각을 따르는 것이 아니다. 사람의 생각을 따르는 것도 아니다. 오직 성령이 말씀하는 것을 따라가야 한다. 우리는 성경이라는 확실한 지식 위에 서야 한다. **거짓 선지자가 세상에 나왔음이라.** 이론적(지식) 이단을 말한다. 이단을 사랑하고 돕는 것은 악한 자(사탄)를 사랑하고 그의 사역을 돕는 것과 같다. '나는 사랑하면 됐지'라고 말하는데 그것은 잘못된 생각이다. 내가 사랑했으면 책임도 있다.

4:2 이로써 너희가 하나님의 영을 알지니. 어떤 사람이 하나님으로부터 온 사람인지 아니면 악한 영으로부터 온 것인지는 그 사람의 열심으로 구분하는 것이 아니다. 주관적인 것도 아니다. **그리스도께서 육체로 오신 것을 시인하는 영마다 하나님께 속한 것이요.** 역으로 말하면 '그리스도께서 육체로 오신 것을 부인하는 자는 악한 영에게 속한 자'라는 말씀이다. 그리스도께서 육체로 오신 것을 부인하는 사람들 중에 대표적인 사람이 '가현설'을 주장하는 사람이다. 예수님은 신이시기에 결코 인간의 육신을 입으실 수 없다고 주장이다. 매우 그럴듯하다. 마치 신앙이 더 있어 보이기까지 한다. 그런 사람들의 특징이 열심이다. 그러나 그들은 하나님께 속한 사람이 아니다. 아무리 신앙이 있다고 주장하고 열심을 가지고 있어도 그렇다. 그들을 돕고 사랑한다는 것은 악한자를 돕고 사랑하는 것이다.

4:3 적그리스도의 영. '하나님을 사랑한다' 하면서 '내가 만든 하나님'을 사랑하는 경우가 많다. 성경에서 말씀하는 하나님을 믿고 사랑해야 한다. 성경대로 하나님

7 사랑하는 자들아 우리가 서로 사랑하자 사랑은 하나님께 속한 것이니 사랑하는 자마다 하나님으로부터 나서 하나님을 알고

God Is Love Dear friends, let us love one another, because love comes from God. Whoever loves is a child of God and knows God.

8 사랑하지 아니하는 자는 하나님을 알지 못하나니 이는 하나님은 사랑이심이라

Whoever does not love does not know God, for God is love.

9 하나님의 사랑이 우리에게 이렇게 나타난 바 되었으니 하나님이 자기의 독생자를 세상에 보내심은 그로 말미암아 우리를 살리려 하심이라

And God showed his love for us by sending his only Son into the world, so that we might have life through him.

10 사랑은 여기 있으니 우리가 하나님을 사랑한 것이 아니요 하나님이 우리를 사랑하사 우리 죄를 속하기 위하여 화목제물로 그 아들을 보내셨음이라

This is what love is: it is not that we have loved God, but that he loved us and sent his Son to be the means by which our sins are forgiven.

11 사랑하는 자들아 하나님이 이같이 우리를 사랑하셨은즉 우리도 서로 사랑하는 것이 마땅하도다

Dear friends, if this is how God loved us, then we should love one another.

12 어느 때나 하나님을 본 사람이 없으되 만일 우리가 서로 사랑하면 하나님이 우리 안에 거하시고 그의 사랑이 우리 안에 온전히 이루어지느니라

No one has ever seen God, but if we love one another, God lives in union with us, and his love is made perfect in us.

13 그의 성령을 우리에게 주시므로 우리가 그 안에 거하고 그가 우리 안에 거하시는 줄을 아느니라

We are sure that we live in union with God and that he lives in union with us, because he has given us his Spirit.

14 아버지가 아들을 세상의 구주로 보내신 것을 우리가 보았고 또 증언하노니

And we have seen and tell others that the Father sent his Son to be the Saviour of the world.

을 사랑해야 한다. 오늘날에도 사람들이 하나님에 대해 이야기하고 사랑받은 것에 대해 그리고 그들이 하나님을 사랑하는 것에 대해 뜨겁게 말하는데 그들이 말하는 내용이 성경에서 말하는 하나님이 아닌 것을 볼 때가 많다. 어찌했든 뜨겁게 사랑하니 된 것 같으나 그렇지 않다. 그들이 하나님이라는 단어를 사용하고 뜨겁게 사랑한다고 고백하여도 그들이 사랑하는 이는 하나님이 아닐 수 있다. 성경에서 말하는 하나님이 아니면 그것은 하나님을 사랑하는 것이 아니다. 우리는 참된 하나님을 사랑해야 한다. 내용 없는 맹신이나 감정만의 사랑이 아니라 성경에서 말씀하는 하나님을 날마다 성경의 빛 가운데 만나야 한다. 그래야 하나님을 사랑하는 것이다.

4:6 하나님을 아는 자는 우리의 말을 듣고. 선지자(구약)와 사도(신약)의 말을 듣고 순종하는 사람이 하나님께 속한 사람이다. 성경에서 벗어난 것을 가르치는 사람을 분별할 줄 알아야 한다. 성경은 매우 객관적이다. 그렇기에 성도가 성경을 잘 알면 이론적 이단을 분별할 수 있다. 우리의 거룩한 사랑을 이단을 사랑하는 일에 허비하지 않아야 한다.

4:8 사랑하지 아니하는 자는 하나님을 알지 못하나니. 형제를 사랑하지 않는 사람은 '실천(의지)적 이단'이다. 사람들이 실천적 이단에 대해서는 소홀히 하는 경우가 많다. 그러나 실제로 가장 많은 이단은 '실천적 이단'이 아닐까? 매우 해로운 이단이다. 최근에 어떤 기독교인 부부의 아동학대 사건이 있었다. 그들이 교회에 다니기 때문에 기독교인이라는 이름을 붙이지만 학대의 내용을 보면 그들은 분명히 '실천적 이단'이다. 그들은 결국 어떤 이단보다 더 큰 해를 교회에 끼치고 있다. 사랑할 때 제일 중요한 것은 나의 감정이 아니라 하나님의 마음이다. 내 감정이 사랑하고 싶으면 사랑하고 사랑하고 싶지 않으면 사랑하지 않는 것은 말씀에서 말하는 형제 사랑이 아니다. 하나님의 마음에 따라 사랑하는 것이 진정한 이웃사랑이다. **하나님은 사랑이심이라**. '하나님은 사랑이시라'는 이 구절은 많은 사람의 마음을 따뜻하게

15 누구든지 예수를 하나님의 아들이라 시인하면 하나님이 그의 안에 거하시고 그도 하나님 안에 거하느니라

If anyone declares that Jesus is the Son of God, he lives in union with God and God lives in union with him.

16 하나님이 우리를 사랑하시는 사랑을 우리가 알고 믿었노니 하나님은 사랑이시라 사랑 안에 거하는 자는 하나님 안에 거하고 하나님도 그의 안에 거하시느니라

And we ourselves know and believe the love which God has for us. God is love, and those who live in love live in union with God and God lives in union with them.

17 이로써 사랑이 우리에게 온전히 이루어진 것은 우리로 심판 날에 담대함을 가지게 하려 함이니 주께서 그러하심과 같이 우리도 이 세상에서 그러하니라

Love is made perfect in us in order that we may have courage on Judgement Day; and we will have it because our life in this world is the same as Christ's.

18 사랑 안에 두려움이 없고 온전한 사랑이 두려움을 내쫓나니 두려움에는 형벌이 있음이라 두려워하는 자는 사랑 안에서 온전히 이루지 못하였느니라

There is no fear in love; perfect love drives out all fear. So then, love has not been made perfect in anyone who is afraid, because fear has to do with punishment.

19 우리가 사랑함은 그가 먼저 우리를 사랑하셨음이라

We love because God first loved us.

20 누구든지 하나님을 사랑하노라 하고 그 형제를 미워하면 이는 거짓말하는 자니 보는 바 그 형제를 사랑하지 아니하는 자는 보지 못하는 바 하나님을 사랑할 수 없느니라

If we say we love God, but hate our brothers and sisters, we are liars. For people cannot love God, whom they have not seen, if they do not love their brothers and sisters, whom they have seen.

21 우리가 이 계명을 주께 받았나니 하나님을 사랑하는 자는 또한 그 형제를 사랑할지니라

The command that Christ has given us is this: all who love God must love their brother or sister also.

하고 위로하는 구절이다. 예배당 전면에 이 말씀을 붙이는 경우도 많다. 나는 '사람들이 이 구절을 볼 때 말씀의 의미를 잘 생각하고 있을까'라고 생각하곤 한다. 이 구절은 하나님을 바라보는 것이 아니라 나를 바라보게 하는 것이다. 하나님의 사랑이 아니라 나의 사랑을 돌아보아야 한다. 이 구절을 다시 읽어보라. 이것은 '하나님은 사랑'이시기 때문에 '내가 이웃을 사랑하지 않으면 하나님을 모르는 것이다'라고 경고하고 있다. 두렵고 떨리는 마음을 가져야 한다. 이 구절을 보면 재빨리 자신이 이웃을 제대로 사랑하고 있는지 살펴야 한다. 그리고 만약 제대로 사랑하고 있지 않다면 자신은 하나님을 모르는 것이기 때문에 다시금 엎드려 하나님으로부터 시작된 그 사랑, 하나님의 마음을 따라 하는 그 사랑을 하는 사람이 되기 위해 울어야 한다.

4:9 하나님의 사랑이 우리에게 이렇게 나타난 바 되었으니. 우리를 향한 하나님의 사랑이 '독생자를 세상에 보내심'으로 분명하게 나타났다. 그 사랑을 우리가 믿는다면 우리도 독생자를 주기까지는 못하여도 그렇게 사랑하기 위해 힘을 다해야 한다. 우리가 이웃을 사랑하여 무엇을 어떻게 주어야 할지를 생각하면서 살아야 한다.

4:10 우리가 하나님을 사랑한 것이 아니요 하나님이 우리를 사랑하사. 우리는 우리의 감정대로가 아니라 하나님의 마음을 따라 사랑해야 한다. 하나님은 우리가 죄인 되었을 때 먼저 사랑하셨다. 그래서 우리도 이웃을 사랑할 때 먼저 사랑해야 한다. 그것이 진정한 이웃사랑이다. 그들이 말도 하지 않을 때 먼저 말을 걸어야 하고, 그들이 화내고 있을 때 먼저 웃어주어야 한다. 사랑은 항상 먼저 하라. 그것이 매우 중요하다. 내가 먼저 사랑하는 것이 참 어렵다. 그러나 그 때도 내 마음이 하고 싶은 대로가 아니라 우리를 먼저 사랑하신 하나님의 마음을 따라 먼저 사랑해야 한다는 것을 알아야 한다. 그래서 그렇게 먼저 사랑하면 하나님의 마음이 내 안에 쏙 들어오는 것을 느낄 것이다. 우리가 이웃을 사랑하지 못하는 대표적이 이유는 '그 사람

이 사랑받을 자격이 없다'는 생각이다. 그러나 그래서 사랑이 필요하다. 그 사람이 사랑받을 자격이 있으면 당연히 사랑하며 자격이 없으면 사랑하기 위해 노력해야 한다. 그들이 우리를 사랑해서가 아니라 우리가 그들을 사랑해서 사랑해야 한다. 사랑하지 못하는 것은 결코 다른 사람의 모습이 핑계가 되지 못한다. 오직 나의 불찰이다.

4:11 하나님이 이같이 우리를 사랑하셨은즉 우리도 서로 사랑하는 것이 마땅하도다. 내가 이웃을 사랑할 때 이웃이 나를 사랑한 것이 기준이 되지 못하고 하나님께서 나를 사랑하신 것이 기준이다.

4:12 어느 때나 하나님을 본 사람이 없으되 만일 우리가 서로 사랑하면 하나님이 우리 안에 거하시고. 하나님을 본 사람이 없으나 사랑할 때 사랑하면서 하나님을 만나고 사랑받으며 하나님을 만난다. 하나님의 사랑을 기준으로 사랑하지 않는 사람은 끝내 하나님을 모른다. 그들은 하나님을 모르는 실천적 이단이다. 오직 하나님의 기준으로 사랑하는 사람만이 하나님을 만난다. 하나님을 안다.

4:13 성령...우리가 그 안에 거하고 그가 우리 안에 거하시는 줄을 아느니라. 우리가 하나님을 믿고 하나님과 동행하고 있다는 것을 알려주는 증거 세 가지를 말한다. 먼저 성령의 증거다. 우리의 마음이 아는 것이다. 눈을 감고 생각해 보라. 하나님은 보이지 않으시지만 우리가 하나님 안에 있고 하나님께서 우리 안에 계신다는 받아들이기 힘든 이 놀라운 진리를 성령을 통해 알 수 있다. 일반적으로는 그렇게 말하면 미친 사람이라 할 것이다. 보이지 않는데 믿는다고 말하니 그렇다. 악령만 보아도 미친 사람 취급하는데 본 것도 아니고 늘 하나님과 함께 산다고 말하니 미친 사람이 분명하다. 그런데 성령이 우리 안에 실제로 계시며 동행하시니 우리는 그것을 믿고 받아들이며 하나님과 동행한다 말한다. 우리의 마음이 성령의 마음을 느끼며 교

제한다.

4:15 누구든지 예수를 하나님의 아들이라 시인하면 하나님이 그의 안에 거하시고. 이 땅에 사람으로 사셨던 예수를 하나님의 아들이라고 공개적으로 고백하는 것이다. 이 것은 바른 지식을 의미하기도 한다. 공개적 고백은 신성모독이 될 수 있다. 또한 당시 세계에서는 많은 위험과 손해가 따랐다. 기독교가 소수였기에 비이성적이고 미친 사람 취급받았다. 무엇보다 경제적으로 사회적으로 손해를 많이 보았다. 그러한 손해에도 불구하고 고백한다는 것은 그 안에 하나님이 계시기 때문이다. 예수가 하나님의 아들임을 아는 바른 지식과 목숨을 건 지식 사수가 중요하다.

4:16 사랑 안에 거하는 자는 하나님 안에 거하고 하나님도 그의 안에 거하시느니라. 우리가 수고롭고 손해보는 '사랑'을 한다는 것은 우리 안에 계신 하나님께서 사랑이 충만한 분이기 때문에 그렇다. 사랑을 마음의 정적인 부분으로 생각하는 경향이 많은데 실상은 인격의 '의지'에 속하는 부분이 많다. 행동하는 것이다. 수고하는 것이다. 이 세 가지가 함께 있어야 한다. 이 세 가지를 쌓아가야 믿음도 쌓여간다.

4:17 이로써 사랑이 우리에게 온전히 이루어진 것. 앞의 세 가지를 통해 하나님을 믿는 믿음과 사랑이 온전해진다. 심판날을 걱정할 필요가 없다.

4:18 두려워하는 자는 사랑 안에서 온전히 이루지 못하였느니라. '주님이 재림하셔서 심판하시는 것이 두렵습니까?' 이것에 대해 대답할 수 있어야 한다. 어떤 신앙인은 주님의 재림과 심판을 두려워한다. 죽음을 두려워한다. 그것은 우리의 죽음과 주님의 재림 등을 통해 우리를 구원하시는 하나님을 향한 믿음이 온전하지 못하기 때문이다. 하나님과의 동행을 통해 확실히 믿음에 이른 사람은 이제 더이상 죽음이 두렵지 않다. 심판이 두렵지 않다. 그것이 두려운 사람은 하나님의 사랑에 대한 확신

이 부족해서이다. 하나님과의 동행을 아직 많이 경험하지 못하였기 때문이다.

4:19 우리가 사랑함은 그가 먼저 우리를 사랑하셨음이라. 하나님의 사랑이 먼저 우리를 향하였기 때문에 우리가 하나님의 사랑을 알 수 있다. 우리가 하나님의 손을 잡을 수 없지만 하나님께서 손을 먼저 내미셨기 때문에 우리가 손만 내밀면 잡을 수 있다. 우리가 하나님을 아는 것이 불가능하였고 사랑하는 것이 불가능하나 하나님께서 우리에게 계시하시고 사랑하셨기 때문에 우리가 알 수 있고 사랑할 수 있다.

4:20 보는 바 그 형제를 사랑하지 아니하는 자는 보지 못하는 바 하나님을 사랑할 수 없느니라. 전능하신 하나님을 아는 거대한 일이 '형제를 미워하는' 작은 일로 막힌다. 하나님 사랑은 '형제를 사랑하는' 작은 일부터 시작한다. 그래서 사랑이 중요하다. 여기에서 우리는 모든 사람을 향한 사랑이 아니라 '성도 간의 사랑'을 말하고 있다는 것이 조금 의아할 수 있다. 요한일서에서 말하는 사랑의 대상은 모든 사람을 담고 있지만 구체적으로는 '성도 간의 사랑'을 말하는 것이 분명하다. 성도를 사랑하면서 하나님을 사랑하는 것이 구체화된다. 모든 성도 안에는 하나님께서 특별히 거하신다. 일반 사람들 안에도 하나님의 거하심이 있다. 그러나 성도 안에 거하시는 것과는 많이 다르다. 자연에도 하나님이 거하신다. 그것보다 사람에게 임하시는 것이 더 특별하다. 그것처럼 또한 일반 사람 안에도 거하시지만 성도 안에 거하시는 것은 더욱더 특별하다.

1 예수께서 그리스도이심을 믿는 자마다 하나님께로부터 난 자니 또한 낳으신 이를 사랑하는 자마다 그에게서 난 자를 사랑하느니라

Our Victory over the World Whoever believes that Jesus is the Messiah is a child of God; and whoever loves a father loves his child also.

2 우리가 하나님을 사랑하고 그의 계명들을 지킬 때에 이로써 우리가 하나님의 자녀를 사랑하는 줄을 아느니라

This is how we know that we love God's children: it is by loving God and obeying his commands.

3 하나님을 사랑하는 것은 이것이니 우리가 그의 계명들을 지키는 것이라 그의 계명들은 무거운 것이 아니로다

For our love for God means that we obey his commands. And his commands are not too hard for us,

4 무릇 하나님께로부터 난 자마다 세상을 이기느니라 세상을 이기는 승리는 이것이니 우리의 믿음이니라

because every child of God is able to defeat the world. And we win the victory over the world by means of our faith.

5 예수께서 하나님의 아들이심을 믿는 자가 아니면 세상을 이기는 자가 누구냐

Who can defeat the world? Only the person who believes that Jesus is the Son of God.

6 이는 물과 피로 임하신 이시니 곧 예수 그리스도시라 물로만 아니요 물과 피로 임하셨고 증언하는 이는 성령이시니 성령은 진리니라

The Witness about Jesus Christ Jesus Christ is the one who came with the water of his baptism and the blood of his death. He came not only with the water, but with both the water and the blood. And the Spirit himself testifies that this is true, because the Spirit is truth.

7 증언하는 이가 셋이니

There are three witnesses:

8 성령과 물과 피라 또한 이 셋은 합하여 하나이니라

the Spirit, the water, and the blood; and all three give the same testimony.

5장

5:1 예수께서 그리스도이심을 믿는 자마다 하나님께로부터 난 자니. 예수께서 이 땅에 그리스도(메시야)로 오셔서 복음을 전하시고 십자가와 부활의 길을 가셨으며 재림하신다는 것을 믿는 사람은 참으로 하나님의 자녀임이 확실하다. **낳으신 이를 사랑하는 자마다 그에게서 난 자를 사랑하느니라.** 하나님 아버지를 사랑하는 사람은 하나님의 다른 자녀들(신앙인)을 사랑한다. 이것 또한 믿음의 증거다. 자신 안에 예수를 그리스도로 믿는 마음이 없으면 믿음이 아닌 것처럼 성도를 사랑하는 마음이 없으면 또한 믿음이 아니다. 우리는 믿음의 증거를 위해 예수를 그리스도로 믿고 그 백성인 성도를 사랑하는 길을 가야 한다.

5:2 하나님을 사랑하고, 그의 계명을 지키는 것이 하나님의 자녀를 사랑하는 방식이다. 앞에서는 거꾸로 말하였었다. 3가지는 그렇게 서로 보완하며 우리 안에 믿음이 있음을 확신하게 한다. 율법만 지킨다고 믿음이 아니며 형제를 사랑한다고 믿음이 되는 것도 아니다. 하나님을 사랑하는 마음과 율법을 지키는 삶과 형제를 사랑하는 구체적인 행동이 함께 할 때 믿음이 있는 것이며 자라간다.

5:3 하나님을 사랑하는 것...그의 계명들을 지키는 것. 율법을 지키지 않으면 하나님을 사랑하지 않는 것이다. 하나님의 말씀을 지키라는 것은 억압하는 것이 아니다. 사랑하지 않는 사람을 위해 무엇인가를 하는 것은 억압이겠지만 사랑하는 사람을 위해 무엇인가를 하는 것은 행복이다. 율법이 그러하다. **그의 계명들은 무거운 것이 아니로다**. 믿음이 없으면 계명을 지키는 것이 힘들다 생각한다. 그러나 믿음이 있으면 오히려 율법을 지키지 않는 것이 더 힘들다는 것을 알게 된다.

5:4 하나님께로부터 난 자마다 세상을 이기느니라. 사람들이 세상의 압박과 죄에

9 만일 우리가 사람들의 증언을 받을진대 하나님의 증거는 더욱 크도다 하나님의 증거는 이것이니 그의 아들에 대하여 증언하신 것이니라

We believe human testimony; but God's testimony is much stronger, and he has given this testimony about his Son.

10 하나님의 아들을 믿는 자는 자기 안에 증거가 있고 하나님을 믿지 아니하는 자는 하나님을 거짓말하는 자로 만드나니 이는 하나님께서 그 아들에 대하여 증언하신 증거를 믿지 아니하였음이라

So all who believe in the Son of God have this testimony in their own hearts; but those who do not believe God have made him out to be a liar, because they have not believed what God has said about his Son.

11 또 증거는 이것이니 하나님이 우리에게 영생을 주신 것과 이 생명이 그의 아들 안에 있는 그것이니라

The testimony is this: God has given us eternal life, and this life has its source in his Son.

12 아들이 있는 자에게는 생명이 있고 하나님의 아들이 없는 자에게는 생명이 없느니라

Whoever has the Son has this life; whoever does not have the Son of God does not have life.

13 내가 하나님의 아들의 이름을 믿는 너희에게 이것을 쓰는 것은 너희로 하여금 너희에게 영생이 있음을 알게 하려 함이라

Eternal Life I am writing this to you so that you may know that you have eternal life—you that believe in the Son of God.

14 그를 향하여 우리가 가진 바 담대함이 이것이니 그의 뜻대로 무엇을 구하면 들으심이라

We have courage in God's presence, because we are sure that he hears us if we ask him for anything that is according to his will.

15 우리가 무엇이든지 구하는 바를 들으시는 줄을 안즉 우리가 그에게 구한 그것을 얻은 줄을 또한 아느니라

He hears us whenever we ask him; and since we know this is true, we know also that he gives us what we ask from him.

대한 갈망 등으로 인하여 율법에 순종하지 않고 죄된 길을 간다. 그러나 하나님의 자녀는 그러한 세상을 이길 수 있다. 우리는 세상에 지는 사람이 아니다. 믿음으로 세상을 이기는 사람이다. 세상의 가치기준이 아니라 말씀의 가치 기준에 따라 살아서 세상을 이기는 자신의 모습을 통해 우리 안에 믿음이 있음이 더욱더 확실하게 증거된다. 확신하게 된다.

5:6 물과 피로 임하셨고 증언하는 이는 성령. 예수님은 물과 피로 우리에게 오셨다. '물'이라 함은 예수님이 세례받으시고 이 땅에서 행하신 사역을 의미한다. '피'라 함은 그 분의 죽으심과 죽으심의 목적(대속의 메시지) 등을 의미한다. 이러한 놀라운 사실을 '성령'께서 우리에게 전하시고 깨닫게 하신다. 이 세 가지 확실한 증거를 살피고 깨닫게 될 때 우리는 더욱더 분명한 믿음을 가지게 된다.

5:7-8 증언하는 이가 셋이니 성령과 물과 피. '성령이 증언한다'고 말씀한다. 우리는 죄인이고 의심이 많아 성령의 사역이 없으면 믿음에 이를 수 없다. 그러나 하나님께서 성령을 보내셔서 우리가 믿음에 이르도록 하신다 말씀하셨다. 그러니 우리가 성령을 의지한다면 우리는 성령에 의해 믿음에 이르게 될 것이다. '물로 증언한다'는 것은 예수 그리스도의 세례 받으심과 그로 인하여 시작된 예수님의 사역을 의미한다. 예수 그리스도의 사역은 복음을 믿는 자마다 구원에 이른다는 것을 전한다. '피로 증언한다'는 것은 예수님의 죽으심을 지칭하는 것이다. 예수님은 십자가에 죽으심으로 그 백성의 죄를 대속하기를 원하신다는 것을 보여주셨다. 예수님은 모든 사람이 구원에 이르기를 원하신다. 우리의 믿음을 위해 죽기까지 하셨다. 우리에게 믿음을 숨기시는 분이 아니다. 주지 않으시는 분이 아니다. 구원하시는 분이다. 그러니 믿는 사람이 어찌 그 구원에서 제외될 수 있겠는가?

5:11 우리에게 영생을 주신 것. 그리스도 안에 있는 영생을 아는 것은 우리를 경이롭

16 누구든지 형제가 사망에 이르지 아니하는 죄 범하는 것을 보거든 구하라 그리하면 사망에 이르지 아니하는 범죄자들을 위하여 그에게 생명을 주시리라 사망에 이르는 죄가 있으니 이에 관하여 나는 구하라 하지 않노라

If you see your brother or sister commit a sin that does not lead to death, you should pray to God, who will give them life. This applies to those whose sins do not lead to death. But there is sin which leads to death, and I do not say that you should pray to God about that.

17 모든 불의가 죄로되 사망에 이르지 아니하는 죄도 있도다

All wrongdoing is sin, but there is sin which does not lead to death.

18 하나님께로부터 난 자는 다 범죄하지 아니하는 줄을 우리가 아노라 하나님께로부터 나신 자가 그를 지키시매 악한 자가 그를 만지지도 못하느니라

We know that none of God's children keep on sinning, for the Son of God keeps them safe, and the Evil One cannot harm them.

19 또 아는 것은 우리는 하나님께 속하고 온 세상은 악한 자 안에 처한 것이며

We know that we belong to God even though the whole world is under the rule of the Evil One.

20 또 아는 것은 하나님의 아들이 이르러 우리에게 지각을 주사 우리로 참된 자를 알게 하신 것과 또한 우리가 참된 자 곧 그의 아들 예수 그리스도 안에 있는 것이니 그는 참 하나님이시요 영생이시라

We know that the Son of God has come and has given us understanding, so that we know the true God. We live in union with the true God—in union with his Son Jesus Christ. This is the true God, and this is eternal life.

21 자녀들아 너희 자신을 지켜 우상에게서 멀리하라

My children, keep yourselves safe from false gods!

게 한다. 그리스도 안에 있는 영생은 우리의 시야를 높이, 넓게, 깊게 만들어준다. 그래서 세상의 피상적인 힘과 유혹을 넉넉히 이기게 한다. 그리스도 안에 영생이 있는데 우리가 어찌 다른 곳에 갈 수 있겠는가? 다른 일에 한눈 팔 수 있겠는가? 영생에 대한 믿음은 우리가 세상을 넉넉히 이기게 한다. 그러기에 우리는 영생을 알아야 한다. **이 생명이 그의 아들 안에 있는 그것이니라.** 예수님 안에 있는, 예수님께서 말씀하신 영생을 굳건하게 믿어야 한다. 영생을 갈망하고 느끼는 것은 우리가 예수 그리스도를 알기 때문이다. 예수님이 아니면 사람들은 영생을 꿈꿀 수 없다. 존재 자체도 모른다.

5:12 아들이 있는 자에게는 생명이 있고. 영생이 있다면 그 안에 하나님의 아들이 있는 것이다. 자신 안에 하나님의 아들이 있고 영생이 있음을 확인하라. 그 사람의 믿음은 하나님이 증거해주시는 확실한 믿음이다. 세상의 생명이 아니라 영생을 갈망하라. 예수 그리스도 안에 있는 영생을 좇아가는 삶을 살라. 그러한 갈망은 믿음에 대한 확실한 증거다.

5:13 너희에게 영생이 있음을 알게 하려 함이라. 우리에게 영생이 있다. '영생' 이라는 단어의 영광과 넓이와 깊이가 가늠되는가? 참으로 존귀한 단어다. 신앙인들은 자신이 '영생'을 가지고 있음을 알아야 한다. 그 신비가 우리 안에 있다. 그것 만으로 충분히 행복하고도 남는다. 그것은 세상 어떤 것보다 더 크고 놀랍다. 감격스럽다.

5:14 우리가 가진 바 담대함이 이것이니...무엇을 구하면 들으심이라. 많은 이들이 이 구절을 좋아한다. 그래서 담대히 구한다. 그러나 이 구절은 기도에 대해 말하고 있지만 영생이라는 문맥 속에서 보아야 한다. 먼저 이 구절에서 '그의 뜻대로 무엇을 구하면 들으심이라'에서 '그의 뜻대로'를 조금 더 주목해야 한다. 그래서 '주신다'

는 것보다 '그의 뜻대로'에 주의를 기울여야 한다.

기도함으로 예수 그리스도와 사귐을 갖고 있는가? '무엇이든지 우리가 하나님의 뜻을 따라 구하면 하나님께서 들어주신다'고 말씀한다. '예수 그리스도의 이름으로' 구하는 것도 같은 의미다. 예수님과 함께하는 기도, 내 뜻을 내놓고 기도함으로 예수님의 뜻과 내 뜻을 하나로 만드는 과정이 기도다. 그렇게 예수님의 뜻에 합한 것 (예수님의 이름으로 기도하는 것)이 되면 무엇이 이루어지지 않겠는가? 기도에 응답이 없는 것은 하나님의 문제가 아니라 우리의 문제다. 기도의 실패이지 응답의 실패가 아니다. 우리가 진정으로 예수님의 이름으로 기도하지 않아서 그렇다. 우리는 기도하면서 더욱더 예수님의 이름으로 기도해야 한다. 그렇게 기도하면서 우리는 하나님의 뜻을 알게 된다. 하나님의 뜻을 알면 당연히 하나님을 알게 되는 것이다. 그러면 하나님이 주시는 영생에 대한 소망이 우리를 온전히 감싸게 된다. 세상의 어떤 물질이 영생의 풍성함에 비교될 수 있을까? 세상의 어떤 복도 영생의 복을 대신할 수 없다. 우리의 기도에서 가장 많이 구해야 하는 것은 '영생'이다.

5:16 사망에 이르지 아니하는 죄. 형제가 죄를 짓는 것을 보면 그를 위해 기도해야 한다. 죄를 가지고 하나님과 사귐을 가질 수 없기 때문이다. **사망에 이르는 죄**. 이 죄는 아마 당시의 예수님의 육체로 오심을 부인하는 영지주의 이단을 두고 하는 말일 것이다. 오늘날 신천지 같은 이단을 보면 알 수 있듯이 그들은 돌아오지 못할 루비콘 강을 건넌 것과 같다. 그래서 죄에 대한 단호함의 표현으로서 그들의 죄에 대해서는 기도할 필요가 없다고 말한다.

5:18 하나님께로부터 난 자는 다 범죄하지 아니하는 줄을 우리가 아노라. 우리는 하나님께로부터 난 사람이다. 하나님께 속한 사람이다. 그래서 '범죄하지 아니하는' 사람이다. 여기에서 범죄는 앞에서 나온 사망에 이르는 죄'를 의미할 것이다. 우리는 여전히 연약하여 분명히 죄를 범할 때가 있지만 하나님을 향하여 적대적인 그런 죄

를 저지르지 않는다. 우리는 하나님께 속한 자다. 마치 여전히 악한 자에게 속한 것처럼 알면서도 어쩔 수 없다는 듯이 끌려 다니는 사람이 되어서는 안 된다. **하나님께로부터 나신 자가 그를 지키시매 악한 자가 그를 만지지도 못하느니라.** 예수님께서 우리를 지키시기에 사탄이 우리를 '만지지도 못한다' 말씀한다. 자신의 욕심을 위해 범죄하면서 마치 악한 자가 자신을 강하게 매어 그렇게 하는 것처럼 말하지 마라. 우리가 믿음으로 서기 원한다면 주님은 우리를 지키셔서 사탄이 우리를 만지지도 못한다. 사탄은 우리보다 비교할 수 없이 강하지만 예수님께 비하면 비교할 수 없을 정도로 약하다. 그러니 우리가 소속을 확실히 하는 것이 중요하다. 우리가 하나님께 속하였다는 소속을 확실히 하지 않으니 사탄에 끌려 다니는 것이다.

5:19 우리는 하나님께 속하고. '하나님께 속한 자'인가, '악한 자에 속한 자'인가? 세상은 악한 자에 속하였다. 세상을 따라가는 것은 악한 자에게 속하였기 때문이다.

5:20 하나님의 아들이 이르러 우리에게 지각을 주사. 영생을 추상적으로 아는 것이 아니라 실제적으로 알아야 한다. 영생을 주시는 그리스도를 추상적으로 아는 것이 아니라 우리의 삶에서 구체적으로 알아야 한다. **그는 참 하나님이시요 영생이시라.** '그'는 성부 하나님을 지칭할 수도 있고 성자 하나님을 지칭할 수도 있으나 성자 하나님으로 보는 것이 더 맞을 것 같다. 우리 안에 계신 그리스도는 참 하나님이시요. 우리에게 영생을 주시는 분이다.

5:21 너희 자신을 지켜. 우리가 영생을 모를 때는 세상의 것이 좋았다. 그래서 세상의 것을 얻기 위해 굴종하였다. 돈 때문에 굴종하였고 사람 때문에 미움에 굴종하였다. 그런데 영생을 알면 무엇이 우리를 미혹할 수 있겠는가? 여전히 우상에 미혹되는 사람이 있다. 거짓 우상에게서 자신을 지켜야 한다. 우상에 미혹되고 억눌린 인생이 아니라 하나님의 백성으로 영생을 가지고 사는 감격스러운 인생이 되어야 한다.

요한이서

1 장로인 나는 택하심을 받은 부녀와 그의 자녀들에게 편지하노니 내가 참으로 사랑하는 자요 나뿐 아니라 진리를 아는 모든 자도 그리하는 것은

From the Elder— To the dear Lady and to her children, whom I truly love. And I am not the only one, but all who know the truth love you,

2 우리 안에 거하여 영원히 우리와 함께 할 진리로 말미암음이로다

because the truth remains in us and will be with us for ever.

3 은혜와 긍휼과 평강이 하나님 아버지와 아버지의 아들 예수 그리스도께로부터 진리와 사랑 가운데서 우리와 함께 있으리라

May God the Father and Jesus Christ, the Father's Son, give us grace, mercy, and peace; may they be ours in truth and love.

4 너의 자녀들 중에 우리가 아버지께 받은 계명대로 진리를 행하는 자를 내가 보니 심히 기쁘도다

Truth and Love How happy I was to find that some of your children live in the truth, just as the Father commanded us.

5 부녀여, 내가 이제 네게 구하노니 서로 사랑하자 이는 새 계명 같이 네게 쓰는 것이 아니요 처음부터 우리가 가진 것이라

And so I ask you, dear Lady: let us all love one another. This is no new command I am writing to you; it is the command which we have had from the beginning.

6 또 사랑은 이것이니 우리가 그 계명을 따라 행하는 것이요 계명은 이것이니 너희가 처음부터 들은 바와 같이 그 가운데서 행하라 하심이라

This love I speak of means that we must live in obedience to God's commands. The command, as you have all heard from the beginning, is that you must all live in love.

7 미혹하는 자가 세상에 많이 나왔나니 이는 예수 그리스도께서 육체로 오심을 부인하는 자라 이런 자가 미혹하는 자요 적그리스도니

Many deceivers have gone out all over the world, people who do not acknowledge that Jesus Christ came as a human being. Such a person is a deceiver and the Enemy of Christ.

8 너희는 스스로 삼가 우리가 일한 것을 잃지 말고 오직 온전한 상을 받으라

Be on your guard, then, so that you will not lose what we have worked for, but will receive your reward in full.

1장

1:1 장로인 나는 택하심을 받은 부녀와 그의 자녀들에게 편지하노니. 요한이 편지를 쓰고 있다. 따스한 마음으로 자신을 '장로'로 표현하며 수신자를 '택하심을 받은 부녀와 그의 자녀들'이라고 말한다. '부녀'라 함은 수신자를 여성이라 말하는 것이 아니라 교회에 대한 비유적 표현이다. **내가 참으로 사랑하는 자요.** 대부분의 영어성경은 '참으로'를 '진리 안에서'라고 번역한다. 요한은 '진리 안에서 사랑하는 교회 성도'에게 편지하고 있다. 요한은 자신만이 아니라 '진리를 아는 모든 자' 곧 함께 성도된 모든 이들이 편지의 수신 교회를 사랑한다고 말한다.

1:2 진리로 말미암음이로다. 진리가 현재 그늘 안에 있다는 말이나. 또한 그 진리는 '영원히 우리와 함께 할 진리'다. 미래에도 그들 모두는 진리와 함께 할 것이다. 요한과 이 편지를 받는 성도와 다른 지역에 있는 모든 성도가 모두 진리의 끈으로 하나되어 있다. 현재도 미래도 진리로 하나된다. 여기에서 진리는 그들이 믿고 있는 복음과 영생이요 성경이 말하는 정통이다.

1:3 진리와 사랑 가운데서 우리와 함께 있으리라. 하나님의 은혜와 긍휼과 평강이 '진리와 사랑 가운데' 모두에게 있기를 기원한다. 은혜는 '진리와 사랑'가운데 있는 사람에게 주시는 하나님의 선물이다. 사람들이 진리를 벗어나서 은혜를 구하는 경우가 많다. 그러나 그러한 곳에 은혜는 결코 임하지 않는다. 나쁜 직업에 은혜를 주셔서 돈을 많이 번다면 그것은 죄의 동업자가 되는 것이다. 우리가 진리 가운데 거하는 것이 매우 중요하다.

1:4 계명대로 진리를 행하는 자를 내가 보니 심히 기쁘도다. 요한은 교회 일부 성도가 '계명대로 진리를 행하고 있다는 소식'을 들었고 그래서 매우 기쁘다고 말한다. 계

9 지나쳐 그리스도의 교훈 안에 거하지 아니하는 자는 다 하나님을 모시지 못하되 교훈 안에 거하는 그 사람은 아버지와 아들을 모시느니라

Anyone who does not stay with the teaching of Christ, but goes beyond it, does not have God. Whoever does stay with the teaching has both the Father and the Son.

10 누구든지 이 교훈을 가지지 않고 너희에게 나아가거든 그를 집에 들이지도 말고 인사도 하지 말라

So then, if someone comes to you who does not bring this teaching, do not welcome him or her in your homes; do not even say, "Peace be with you."

11 그에게 인사하는 자는 그 악한 일에 참여하는 자임이라

For anyone who wishes them peace becomes their partner in the evil things they do.

12 내가 너희에게 쓸 것이 많으나 종이와 먹으로 쓰기를 원하지 아니하고 오히려 너희에게 가서 대면하여 말하려 하니 이는 너희 기쁨을 충만하게 하려 함이라

Final Words I have so much to tell you, but I would rather not do it with paper and ink; instead, I hope to visit you and talk with you personally, so that we shall be completely happy.

13 택하심을 받은 네 자매의 자녀들이 네게 문안하느니라

The children of your dear Sister send you their greetings.

명대로 사는 것이 진리를 행하는 것이다. 누군가 진리를 따라 산다는 소식은 매우 기쁜 일이다. 나는 내 자녀가 다른 나라에 간다면 그곳에서 월급을 많이 받게 되었다는 소식보다는 교회를 잘 다닌다는 소식을 듣고 싶다. 그곳에서 믿음을 더욱 깊이 깨닫고 매일 큐티를 하면서 은혜 가운데 살고 있다는 말을 듣고 싶다. 오직 진리를 따라 산 삶만이 남는 것이기 때문이다.

1:5 서로 사랑하자. 계명을 따라 진리를 행하면서 살고자 하는 사람이 명심해야 하는 것이 있다. '사랑'의 마음을 가지고 살아야 한다. 서로 사랑하면서 살아야 한다. **처음부터 우리가 가진 것이라**. 율법이 시작된 처음부터 서로 사랑하는 것을 말하였다. 또한 매일 새롭게 써가야 하기 때문에 '새 계명'이다.

1:6 사랑은...계명을 따라 행하는 것이요 계명은...그 가운데서 행하라. 사랑과 계명과 진리(4절)의 혼용으로 서로를 보충 설명하고 있다. '그 가운데서 행하라'에서 '그'는 '사랑'이나 '계명'이다. 어떤 것을 뜻한다 해도 그 의미는 같다.

1:7 미혹하는 자. '길을 잃게 만드는 사람'이라는 의미다. 이들은 하나님을 말하기 때문에 길을 안내하는 것 같으나 실상은 길을 잃게 만드는 사람들이다. 그들은 '그리스도께서 육체로 오심을 부인하는 자'이다. 그러한 주장은 세상에서 해롭지 않고, 종교적으로는 더 열성적일 수 있다. 그러나 성경은 단호하게 '미혹하는 자'요 '적그리스도'라 말한다. 특별계시로서 성경은 배타적 진리의 위치를 가진다. 세상이 보기에는 같아 보여도 성경은 참과 거짓으로 분명히 나눈다. 성경에 어긋난다면 미혹하는 자다. 속이는 자다.

1:8 온전한 상을 받으라. 부족함이 없이 상을 받는 것을 의미한다. 아마 여기에서는 영생을 의미할 것이다.

1:10 이 교훈을 가지지 않고 너희에게 나아가거든 그를 집에 들이지도 말고 인사도 하지 말라. 고대 사회와 성경에서 환대는 중요한 주제다. 그러나 성경에서 벗어난 것을 가르치는 사람을 '환대하지 마라'고 말한다. 만약 그가 교회에서 나간 이단이 아니라 일반 사람이라면 환대해야 한다. 그러나 이단에 대해서는 환대를 금하고 있다.

1:11 인사하는 자는...그 악한 일에 참여하는 자. 그 환대는 고스란히 그가 꾀하고자 하는 것을 돕는 것이 된다. 강도가 칼을 달라 할 때 환대의 마음으로 주면 안 되는 것 같이 이단이 거처할 곳을 제공하는 것은 잘못된 환대다. 악한 일이다.

성경, 이해하며 읽기 **일반서신**

요한삼서

1 장로인 나는 사랑하는 가이오 곧 내가 참으로 사랑하는 자에게 편지하노라

From the Elder— To my dear Gaius, whom I truly love.

2 사랑하는 자여 네 영혼이 잘됨 같이 네가 범사에 잘되고 강건하기를 내가 간구하노라

My dear friend, I pray that everything may go well with you and that you may be in good health—as I know you are well in spirit.

3 형제들이 와서 네게 있는 진리를 증언하되 네가 진리 안에서 행한다 하니 내가 심히 기뻐하노라

I was so happy when some fellow-Christians arrived and told me how faithful you are to the truth—just as you always live in the truth.

4 내가 내 자녀들이 진리 안에서 행한다 함을 듣는 것보다 더 기쁜 일이 없도다

Nothing makes me happier than to hear that my children live in the truth.

5 사랑하는 자여 네가 무엇이든지 형제 곧 나그네 된 자들에게 행하는 것은 신실한 일이니

Gaius Is Praised My dear friend, you are so faithful in the work you do for your fellow-Christians, even when they are strangers.

6 그들이 교회 앞에서 너의 사랑을 증언하였느니라 네가 하나님께 합당하게 그들을 전송하면 좋으리로다

They have spoken to the church here about your love. Please help them to continue their journey in a way that will please God.

7 이는 그들이 주의 이름을 위하여 나가서 이방인에게 아무 것도 받지 아니함이라

For they set out on their journey in the service of Christ without accepting any help from unbelievers.

8 그러므로 우리가 이같은 자들을 영접하는 것이 마땅하니 이는 우리로 진리를 위하여 함께 일하는 자가 되게 하려 함이라

We Christians, then, must help these people, so that we may share in their work for the truth.

1장

1:1 가이오. 로마 시대에 가장 흔한 이름 중 하나다. 성경에도 여러 번 나온다. 아마 이곳의 가이오는 또 다른 가이오 일 것이다. 요한이서는 교회에 보내는 서신이었는데 요한삼서는 가이오 개인에게 보내는 서신이다. **참으로 사랑하는**. '참으로'나 '진리 안에서'로 번역할 수 있다. 요한은 이것을 신학적인 의미로 사용한다. 그래서 '진리 안에서'로 번역하는 것이 좋다. 곧 복음 안에 있는 이, 바른 전통 안에 있는 등의 의미로 보는 것이 더 좋다.

1:2 네 영혼이 잘됨 같이 첫 인사말인 이 말은 보통 '은혜와 평강이 있기를'이라 말하는 자리다. 그런데 이 구절은 대부분의 서신에서 말하는 인사말 '평깅'(에이레네(헬), 샬롬(히))을 가장 잘 풀어 쓴 말이라 생각한다. 샬롬은 모든 측면에서 본래 창조된 대로 '바른 관계'를 맺는 것, 바른 관계로 인하여 온전해지는 것을 의미한다. '영혼(프쉬케)'은 여기에서는 비물질적인 부분 또는 영적인 부분을 말하고 있다. 샬롬의 시작은 영적 샬롬이다. 하나님과의 관계가 회복되어야 다른 모든 관계가 회복될 수 있기에 이것은 샬롬의 시작점을 잘 말해준다. **네가 범사에 잘되고**. 가이오가 겪고 있는 모든 일을 말한다. 그의 사업의 번창함이나 자녀의 교육 등 모든 부분이다. 요한이 가이오의 모든 부분을 마음껏 축복할 수 있는 것은 그의 '영혼이 잘되고' 있기 때문이다. 그가 선한 일을 하고 있기에 그의 건강이나 재산 등 모든 것이 복이 된다. 그러나 만약 그가 악한 일을 하고 있다면 그의 건강은 악한 일에 도움이 되기에 악한 일이다. 신앙인은 하나님과의 샬롬이 회복된 사람이다. 온전한 샬롬은 아니고 회복되는 샬롬이다. 모든 샬롬이 이후 우리의 본래 모습이다. 물질의 샬롬을 구하는 것도 좋다. 오늘날 사람들은 물질의 노예가 되어 있다. 때로는 없어서 또는 많아서 노예가 된다. 물질의 샬롬을 기도하는 것은 '기복신앙'이라 말하지 않고 '샬롬신앙'이다. 그런데 하나님과의 샬롬이 가장

9 내가 두어 자를 교회에 썼으나 그들 중에 으뜸되기를 좋아하는 디오드레베가 우리를 맞아들이지 아니하니

Diotrephes and Demetrius I wrote a short letter to the church; but Diotrephes, who likes to be their leader, will not pay any attention to what I say.

10 그러므로 내가 가면 그 행한 일을 잊지 아니하리라 그가 악한 말로 우리를 비방하고도 오히려 부족하여 형제들을 맞아들이지도 아니하고 맞아들이고자 하는 자를 금하여 교회에서 내쫓는도다

When I come, then, I will call attention to everything he has done: the terrible things he says about us and the lies he tells! But that is not enough for him; he will not receive our fellow-Christians when they come, and even stops those who want to receive them and tries to drive them out of the church!

11 사랑하는 자여 악한 것을 본받지 말고 선한 것을 본받으라 선을 행하는 자는 하나님께 속하고 악을 행하는 자는 하나님을 뵈옵지 못하였느니라

My dear friend, do not imitate what is bad, but imitate what is good. Whoever does good belongs to God; whoever does what is bad has not seen God.

12 데메드리오는 뭇 사람에게도, 진리에게서도 증거를 받았으매 우리도 증언하노니 너는 우리의 증언이 참된 줄을 아느니라

Everyone speaks well of Demetrius; truth itself speaks well of him. And we add our testimony, and you know that what we say is true.

13 내가 네게 쓸 것이 많으나 먹과 붓으로 쓰기를 원하지 아니하고

Final Greetings I have so much to tell you, but I do not want to do it with pen and ink.

14 속히 보기를 바라노니 또한 우리가 대면하여 말하리라

I hope to see you soon, and then we will talk personally.

15 평강이 네게 있을지어다 여러 친구가 네게 문안하느니라 너는 친구들의 이름을 들어 문안하라

Peace be with you. All your friends send greetings. Greet all our friends personally.

기본적임을 기억해야 기복신앙으로 변질되지 않는다. **강건하기를.** 육체적인 건강 또는 정신적 건강을 다 포괄하는 단어다. 여기에서는 육체적 건강을 의미한다. 건강한 것도 샬롬의 중요한 한 부분이다. 주님 재림하시고 새하늘과 새 땅에서 모든 사람은 건강의 샬롬이 있을 것이다.

1:5 나그네 된 자들에게 행하는 것은 신실한 일이니. 요한삼서에서는 사람과의 샬롬에 조금 더 초점을 맞추고 있다. 요한은 가이오가 그곳에 오는 '나그네' 곧 순회전도자를 환대한 것을 칭찬한다.

1:6 하나님께 합당하게 그들을 전송하면 좋으리로다. 요한은 가이오가 순회 전도단을 돕는 것이 '하나님께 합당한 것' 즉 하나님께서 기뻐하시는 일이라 말한다. 그래서 지금까지도 그랬던 것처럼 앞으로도 계속 그렇게 돕도록 칭찬하며 격려하고 있다.

1:7 주의 이름을 위하여 나가서. 요한이 가이오에게 순회 전도자들을 계속 돕도록 격려하는 이유를 말한다. 첫째, 그들이 주의 이름을 위하여 나가는 사람들이기 때문이다. 그들은 자신들의 이익을 위하여 그 일을 하고 있는 것이 아니라 주님의 영광을 위하여 그 일을 하고 있다. 오늘날 우리들도 이것을 잘 구분해야 한다. 그가 주의 영광을 위하여 하고 있는지 아니면 다른 목적을 가지고 하는 것인지를 잘 살펴야 한다. 둘째, 이방인들에게 아무것도 받지 않기 때문이라고 말한다. 그들은 교회의 도움이 절대적으로 필요하다. 오늘날에도 마찬가지다. 교회 일을 하는 사람들에게는 세상에서 도움을 주지 않는다. 고전어 책을 번역할 때도 종교냄새가 나면 국가에서 지원하지 않는다. 그래서 교회의 일을 하는 사람들을 교회가 지원해야 한다. 그들이 복음의 일에 집중하여 일을 할 수 있도록 지원해야 한다.

1:8 이 같은 자들을 영접하는 것이 마땅하니. 신앙인은 하나님과의 관계가 회복되었

듯이 성도로서 서로 관계를 회복해야 한다. 좋은 관계를 가져야 한다. 순회 전도자를 돕는 것은 '진리를 위하여 함께 일하는 자가 되는 것'이다. 그렇게 합력하여 함께 하나님의 일을 하는 것이 사람의 관계에서 가장 중요하다. 신앙인은 영원토록 함께 살 사람들이다. 이 땅에서 하나님의 구원 사역이 이루어지도록 함께 합력하여 일하는 것이 마땅하다. **진리를 위하여 함께 일하는 자가 되게 하려 함이라.** 진리의 일을 하는 방식이 여럿 있다. 직접 일을 할 수도 있고 잘 돕는 일일 수도 있다. 일하는 사람도 돕는 사람도 필요하다. 그들은 모두 진리의 동역자다. 오늘날 허황한 이름을 알리는 정치판에는 수많은 돈이 오가고 그것을 누군가 도왔다고 말한다. 그것은 돈을 쓰는 사람도 그것을 도운 사람도 악하다. 좋은 성경 원어 사전이 번역되고 좋은 책이 번역되어 공급되도록 하는 일 등에는 동역자들이 너무 없다. 그래서 우리 나라에는 쓸만한 원어사전이 거의 없다. 이름 없이 일하는 선한 일에는 동역자가 없고 이름만 알리려고 하는 악한 일에는 동역자가 많은 것을 본다. 이 땅이 진리의 일에 눈을 뜨고 진리의 일을 하는 사람이 많고 동역자도 많아야 한다.

1:9 으뜸되기를 좋아하는 디오드레베. 요한은 가이오에게 편지하면서 특별히 한 사람에 대해 언급한다. '디오드레베'다. 그에 대해 알려진 것은 없다. 오늘 본문을 보고 추측하는 수밖에 없다. 아마 이웃교회 지도자일 것 같다. 그는 '으뜸되기를 좋아하는 자'였다. 사람이 모이면 그곳에서 으뜸이 되는 것을 좋아하는 사람이 있다. 그러나 그렇게 으뜸이 되는 것을 중요시하면 관계를 깨트린다. 디오드레베는 으뜸이 되고자 하는 마음이 강하여 사도 요한의 말을 받아들이지 않은 것으로 보인다. 어쩌면 요한을 시기하였을 것이다. 디오드레베의 교만과 시기의 마음이 사람 관계를 깨트렸다. 사람 사이의 샬롬을 이루는 것이 아니라 불화를 만들어냈다.

1:10 형제들을 맞아들이지도 아니하고. 그가 이단은 아니다. 그러나 교만과 시기로 요한을 비방하고, 순회 전도하는 사람을 환대하지 않았으며 그들을 환대하는 사람

을 교회에서 내쫓기까지 하였다.

1:11 악한 것을 본받지 말고 선한 것을 본받으라. 요한은 가이오에게 디오드레베를 본받지 말아야 한다고 말한다. 우리는 선한 것을 본받아야 한다. 선이 하나님께 속한 것이기 때문이다. 지금 가이오에게 말하고 있는 구체적인 것은 순회전도자를 돕는 것이 선한 것이라 말하고 있다. 그것이 선한 것이기에 힘을 다하여 행해야 한다. 선한 것을 해야 하나님께 속한 사람이 된다. 악을 행하면서 하나님과 친밀할 수 없고 선한 것을 행하면 자연스럽게 하나님과 친밀하게 된다.

1:12 데메드리오. 데메드리오는 아마 요한의 편지를 가이오에게 전해주는 사람이었을 것이며 또한 순회 전도자였을 것이다. 요한은 디오드레베의 방해에도 불구하고 가이오에게 사람을 보냈다. 그것이 선한 일이기 때문이다. 선한 일을 하는 사람은 힘을 내서 해야 한다. 그것이 혹 어떤 사람의 방해로 인하여 힘들 수는 있어도 여전히 그 일을 해야 한다. 악한 사람들의 공격 때문에 때로는 선한 일을 하는 사람들이 위축되어 아무 일도 안 하고 싶어지기도 한다. 그러나 아무 일도 안 하는 것은 하나님께 속한 것이 아니다. 믿음의 사람은 끝까지 선한 일을 해야 한다. 그것이 하나님께 속한 것이기 때문이다. 선한 일은 해도 되고 안 해도 되는 일이 아니다. 늘 언제나 우리가 가야 하는 길이다. 그것이 하나님께 가는 길이기 때문이다.

유다서

1.시대 및 저자

예수님의 동생 유다는 60년대 중반에 이 서신을 기록하였다.

2. 내용

자신이 하나님의 사랑 안에 있도록 지켜야 하는데 그것을 위해 경건을 애써야 하는 것을 강조한다.

유다서 1:1-25

1 예수 그리스도의 종이요 야고보의 형제인 유다는 부르심을 받은 자 곧 하나님 아버지 안에서 사랑을 얻고 예수 그리스도를 위하여 지키심을 받은 자들에게 편지하노라

From Jude, servant of Jesus Christ, and brother of James— To those who have been called by God, who live in the love of God the Father and the protection of Jesus Christ:

2 긍휼과 평강과 사랑이 너희에게 더욱 많을지어다

May mercy, peace, and love be yours in full measure.

3 사랑하는 자들아 우리가 일반으로 받은 구원에 관하여 내가 너희에게 편지하려는 생각이 간절하던 차에 성도에게 단번에 주신 믿음의 도를 위하여 힘써 싸우라는 편지로 너희를 권하여야 할 필요를 느꼈노니

False Teachers My dear friends, I was doing my best to write to you about the salvation we share in common, when I felt the need of writing at once to encourage you to fight on for the faith which once and for all God has given to his people.

4 이는 가만히 들어온 사람 몇이 있음이라 그들은 옛적부터 이 판결을 받기로 미리 기록된 자니 경건하지 아니하여 우리 하나님의 은혜를 도리어 방탕한 것으로 바꾸고 홀로 하나이신 주재 곧 우리 주 예수 그리스도를 부인하는 자니라

For some godless people have slipped in unnoticed among us, persons who distort the message about the grace of our God in order to excuse their immoral ways, and who reject Jesus Christ, our only Master and Lord. Long ago the Scriptures predicted the condemnation they have received.

5 너희가 본래 모든 사실을 알고 있으나 내가 너희로 다시 생각나게 하고자 하노라 주께서 백성을 애굽에서 구원하여 내시고 후에 믿지 아니하는 자들을 멸하셨으며

For even though you know all this, I want to remind you of how the Lord once rescued the people of Israel from Egypt, but afterwards destroyed those who did not believe.

6 또 자기 지위를 지키지 아니하고 자기 처소를 떠난 천사들을 큰 날의 심판까지 영원한 결박으로 흑암에 가두셨으며

Remember the angels who did not stay within the limits of their proper authority, but abandoned their own dwelling place: they are bound with eternal chains in the darkness below, where God is keeping them for that great Day on which they will be condemned.

1장

1:1 예수 그리스도의 종이요 야고보의 형제인 유다. 편지의 저자이다. 유다는 예수님의 동생이다. **부르심을 받은 자.** 편지의 수신자이다. 부르심을 받은 자 곧 참된 믿음을 가진 사람에게 편지를 쓰고 있다. 부르심을 받은 사람이 참된 믿음이다. 교회는 부르심을 받은 사람들이다. 그러나 그 안에는 실제로는 부르심을 받지 않은 거짓 교인들이 있다. 누가 거짓 교인일까? 믿음의 확신이 있는 사람과 그렇지 않은 사람으로 나뉘는 것일까? 아니다. 믿음의 확신을 가지고 있음에도 불구하고 거짓 교인이 있다.

1:3 일반으로 받은 구원에 관하여 내가 너희에게 편지하려는 생각. 유다는 구원에 대해 편지를 하려고 했던 것으로 보인다. 그러나 어떤 상황에 의해 급하게 다른 주제로 편지를 쓰게 되었다. **성도에게 단번에 주신 믿음의 도를 위하여 힘써 싸우라는 편지로 너희를 권하여야 할 필요를 느꼈노니.** 구원이 아니라 '믿음을 위하여 힘써 싸우는 것'에 대해 말해야 할 필요를 느꼈다고 말한다. 많은 사람이 믿음을 위하여 힘써 싸우지 않는 모습을 보고 매우 위험함을 느낀 것으로 보인다.

단번에 주신 믿음. 모든 참된 믿음은 그 자체로 구원에 이르기에 완벽하다. 믿음이 자라면서 또 다른 믿음이 더해져야 하는 것이 아니다. 믿음은 하나다. 그런데 사람들이 가지고 있는 믿음이 참된 믿음인지 아닌지는 잘 구분되지 않는다. 어떻게 구분해야 할까? 그것이 구분되도록 '힘써야' 할 것이 있다. **힘써 싸우라.** 운동 경기를 생각하면서 말한 것이다. 오늘날에도 그렇지만 이 당시에도 운동은 사람들에게 친숙하고 민감한 것이었다. 운동 경기에서 이기기 위해서는 많은 준비를 해야 하고 집중해야 하며 노력해야 한다. 그것처럼 믿음도 힘써야 한다. 그런데 사람들이 믿음을 위해 힘쓰지 않는 것을 보았던 것 같다. 힘쓰지 않으면 운동 경기에서 이길 수 없는 것처럼 믿음 조차도 얻을 수 없다. 가짜로 판명될 것이다.

7 소돔과 고모라와 그 이웃 도시들도 그들과 같은 행동으로 음란하며 다른 육체를 따라 가다가 영원한 불의 형벌을 받음으로 거울이 되었느니라

Remember Sodom and Gomorrah, and the nearby towns, whose people acted as those angels did and indulged in sexual immorality and perversion: they suffer the punishment of eternal fire as a plain warning to all.

8 그러한데 꿈꾸는 이 사람들도 그와 같이 육체를 더럽히며 권위를 업신여기며 영광을 비방하는도다

In the same way also, these people have visions which make them sin against their own bodies; they despise God's authority and insult the glorious beings above.

9 천사장 미가엘이 모세의 시체에 관하여 마귀와 다투어 변론할 때에 감히 비방하는 판결을 내리지 못하고 다만 말하되 주께서 너를 꾸짖으시기를 원하노라 하였거늘

Not even the chief angel Michael did this. In his quarrel with the Devil, when they argued about who would have the body of Moses, Michael did not dare to condemn the Devil with insulting words, but said, "The Lord rebuke you!"

10 이 사람들은 무엇이든지 그 알지 못하는 것을 비방하는도다 또 그들은 이성 없는 짐승 같이 본능으로 아는 그것으로 멸망하느니라

But these people attack with insults anything they do not understand; and those things that they know by instinct, like wild animals, are the very things that destroy them.

11 화 있을진저 이 사람들이여, 가인의 길에 행하였으며 삯을 위하여 발람의 어그러진 길로 몰려 갔으며 고라의 패역을 따라 멸망을 받았도다

How terrible for them! They have followed the way that Cain took. For the sake of money they have given themselves over to the error that Balaam committed. They have rebelled as Korah rebelled, and like him they are destroyed.

12 그들은 기탄 없이 너희와 함께 먹으니 너희의 애찬에 암초요 자기 몸만 기르는 목자요 바람에 불려가는 물 없는 구름이요 죽고 또 죽어 뿌리까지 뽑힌 열매 없는 가을 나무요

With their shameless carousing they are like dirty spots in your fellowship meals. They take care only of themselves. They are like clouds carried along by the wind, but bringing no rain. They are like trees that bear no fruit, even in autumn, trees that have been pulled up by the roots and are completely dead.

1:4 경건하지 아니하여. 유다는 '경건'을 진짜 믿음의 표증으로 보았다. 경건은 애써야 하는 것이다. 경건은 '하나님을 경외함에서 나오는 행동'이라 정의할 수 있다. 행동하는 것이다. 어떤 행동을 하려면 애써야 한다. 특히 경건의 행동은 나의 본능대로 행동하는 것이 아니라 '하나님을 경외함'에서 나오는 것이기 때문에 더욱 애써야 가능하다. **하나님의 은혜를 도리어 방탕한 것으로 바꾸고.** '믿음이 있노라' 말하는 것이 경건을 위해 애쓰고 있으면 '하나님의 은혜'를 믿는 것이고 은혜 가운데 사는 것이다. 그런데 '믿음이 있노라' 하면서 경건이 없으면 그것은 '방탕'한 것이다. 그들도 여전히 하나님의 은혜를 믿는다고 말한다. 하나님의 은혜라는 말을 입에 달고 살 수도 있다. 그들이 말하는 믿음과 은혜는 그들의 방탕을 눈감아 주고 씻어주는 면허증처럼 사용된다. 그러나 경건하지 않으면 그 사람은 방탕한 사람이다. **주 예수 그리스도를 부인하는 자니라.** '경건 없는 믿음'은 망령된 믿음이다. 믿음이 아니다. 그들의 입술이 아무리 예수님을 믿는다고 말하여도 그 말은 오히려 예수님을 부인하는 가증한 말이다. 그것은 자신만 믿지 않을 뿐만 아니라 다른 사람을 믿음에서 멀어지게 하는 일이다.

1:5 5절-7절은 방탕한 길을 간 결국 믿음이 없는 사람으로 드러난 사람에 대한 예증이다. **너희가 본래 모든 사실을 알고 있으나 내가 너희로 다시 생각나게 하고자 하노라.** 잘 알고 있으면서도 놓치는 경우가 많기 때문에 다시 말한다고 말한다. **주께서 백성을 애굽에서 구원하여 내시고 후에 믿지 아니하는 자들을 멸하셨으며.** 애굽에서 나왔다고 모두 구원받은 사람이 아니다. 믿음이 없는 이들이 광야에서 망하였다.

1:6 자기 처소를 떠난 천사들을 큰 날의 심판까지 영원한 결박으로 흑암에 가두셨으며. 천사라 할지라도 자신의 자리를 떠난 그들을 심판하신다. 세번째는 소돔과 고모라 사람들을 예증으로 든다. 그들은 신앙인이 아니지만 같은 운명이기 때문이다.

13 자기 수치의 거품을 뿜는 바다의 거친 물결이요 영원히 예비된 캄캄한 흑암으로 돌아갈 유리하는 별들이라

They are like wild waves of the sea, with their shameful deeds showing up like foam. They are like wandering stars, for whom God has reserved a place for ever in the deepest darkness.

14 아담의 칠대 손 에녹이 이 사람들에 대하여도 예언하여 이르되 보라 주께서 그 수만의 거룩한 자와 함께 임하셨나니

It was Enoch, the seventh direct descendant from Adam, who long ago prophesied this about them: "The Lord will come with many thousands of his holy angels

15 이는 뭇 사람을 심판하사 모든 경건하지 않은 자가 경건하지 않게 행한 모든 경건하지 않은 일과 또 경건하지 않은 죄인들이 주를 거슬러 한 모든 완악한 말로 말미암아 그들을 정죄하려 하심이라 하였느니라

to bring judgement on all, to condemn them all for the godless deeds they have performed and for all the terrible words that godless sinners have spoken against him!"

16 이 사람들은 원망하는 자며 불만을 토하는 자며 그 정욕대로 행하는 자라 그 입으로 자랑하는 말을 하며 이익을 위하여 아첨하느니라

These people are always grumbling and blaming others; they follow their own evil desires; they boast about themselves and flatter others in order to get their own way.

17 사랑하는 자들아 너희는 우리 주 예수 그리스도의 사도들이 미리 한 말을 기억하라

Warnings and Instructions But remember, my friends, what you were told in the past by the apostles of our Lord Jesus Christ.

18 그들이 너희에게 말하기를 마지막 때에 자기의 경건하지 않은 정욕대로 행하며 조롱하는 자들이 있으리라 하였나니

They said to you, "When the last days come, people will appear who will mock you, people who follow their own godless desires."

19 이 사람들은 분열을 일으키는 자며 육에 속한 자며 성령이 없는 자니라

These are the people who cause divisions, who are controlled by their natural desires, who do not have the Spirit.

1:8 꿈꾸는 자들. 말씀이라는 기준이 아니라 자기 멋대로의 꿈으로 길을 정한다. **육체를 더럽히며.** 그들은 순결한 경건의 길이 아니라 탐욕과 탐색의 길을 간다. **권위를 업신여기며.** 예수님을 주인으로 삼는 절대 권위와 교회의 권위를 조롱한다. 오직 자기 자신의 생각과 마음이 권위를 갖는다. **영광을 비방.** 하늘의 일에 대해 함부로 말한다. 마치 땅의 일을 말하는 것처럼 한다.

1:11 가인...발람...고라. 가인은 자신의 감정대로 행하여 최초의 살인자가 되었다. 발람은 삯을 위하여 거짓의 길을 갔고 고라는 물질에 대한 탐욕으로 멸망하였다. 이 세 사람을 예로 들면서 12-13절에서 그들을 6가지 비유로 설명한다.

1:12-13 애찬에 암초요. 그들은 믿음을 가진 것처럼 말하지만 실상은 믿음이 없기 때문에 공동체를 파괴한다. **자기 몸만 기르는 목자.** 다른 이들을 돌볼 줄 모른다. **물 없는 구름.** 겉 모습만 그럴듯하다. **열매 없는 가을 나무.** 오랫동안 교회를 다녀도 열매가 없다. 자신의 구원의 열매조차도 없다. **바다의 거친 물결.** 이 시대에 바다는 혼돈과 악의 상징이다. 혼돈과 악만 낳을 뿐이다. **예비된 캄캄한 흑암으로 돌아갈 유리하는 별들.** '캄캄한 흑암'은 지옥을 상징한다. 그들이 별처럼 커 보일 수도 있다. 그러나 그들은 길 잃은 별이요 지옥만 예비되어 있을 뿐이다.

1:15 뭇 사람을 심판하사 모든 경건하지 않은 자가 경건하지 않게 행한 모든 경건하지 않은 일. 경건하지 않은 모든 행동을 심판하신다. 경건은 찬란한 영광이요 경건하지 않은 것은 참혹한 비참 그 자체이다.

1:16 '경건하지 않다'는 것은 행동과 관련되어 있다. 행동 중에 가장 많은 행동이 '말'이다. **원망하는 자며.** 자신에게 주어진 환경에 대해 늘 원망한다. 착한 행동을 하지 못할 수밖에 없다. 자신은 돈이 없고, 능력이 없고, 몸이 건강하지 못하다고 말

20 사랑하는 자들아 너희는 너희의 지극히 거룩한 믿음 위에 자신을 세우며 성령으로 기도하며

But you, my friends, keep on building yourselves up on your most sacred faith. Pray in the power of the Holy Spirit,

21 하나님의 사랑 안에서 자신을 지키며 영생에 이르도록 우리 주 예수 그리스도의 긍휼을 기다리라

and keep yourselves in the love of God, as you wait for our Lord Jesus Christ in his mercy to give you eternal life.

22 어떤 의심하는 자들을 긍휼히 여기라

Show mercy towards those who have doubts;

23 또 어떤 자를 불에서 끌어내어 구원하라 또 어떤 자를 그 육체로 더럽힌 옷까지도 미워하되 두려움으로 긍휼히 여기라

save others by snatching them out of the fire; and to others show mercy mixed with fear, but hate their very clothes, stained by their sinful lusts.

24 능히 너희를 보호하사 거침이 없게 하시고 너희로 그 영광 앞에 흠이 없이 기쁨으로 서게 하실 이

Prayer of Praise To him who is able to keep you from falling, and to bring you faultless and joyful before his glorious presence-

25 곧 우리 구주 홀로 하나이신 하나님께 우리 주 예수 그리스도로 말미암아 영광과 위엄과 권력과 권세가 영원 전부터 이제와 영원토록 있을지어다 아멘

to the only God our Saviour, through Jesus Christ our Lord, be glory, majesty, might, and authority, from all ages past, and now, and for ever and ever! Amen.

한다. 그러니 대체 무엇을 할 수 있을까? **불만을 토하는 자.** 다른 사람들의 잘못만 잡아 낸다. 그래서 다른 사람들의 사기를 꺾는다. 다른 사람이 잘하는 것을 참지 못한다. 그래서 못한다 하여 더 잘하지 못하게 만든다. **정욕대로 행하는 자라.** 자기 하고 싶은대로 말한다. 자신의 사악한 마음을 따라 말한다. **자랑하는 말.** 헛되고 헛된 것을 말하는 것에 익숙하다. **아첨하느니라.** 약한자에게는 한없이 강하고 강한 자 앞에서는 아첨한다. 경건과 거리가 먼 모습이다.

경건하지 않은 사람은 믿음이 없는 사람이다. 만약 그가 '믿음이 있노라' 말한다면 아마 '은혜를 방탕으로' 바꾼 사람일 것이다. 은혜를 경험하였으나 실제로는 은혜 안에서 살지 않고 있는 사람이다. 은혜를 과거라는 지갑 속에 있는 면허증으로 착각하고 있는 사람들이다. 경건이 없으면 믿음도 없다는 유다의 말에 귀를 기울여야 한다.

1:17 사도들이 미리 한 말을 기억하라. 신앙인들이 경건의 길을 가지 않고 자기 멋대로 살고 있는 것을 많이 보았을 것이다. 경건에 힘써야 하는데 그렇지 않고 자기 멋대로 살고 있다. 그들을 보면서 자신의 믿음까지 흔들릴 수 있다. 그래서 '기억하라'고 명령한다. 17절-25절 안에 있는 5가지 명령형 중에 첫 번째 명령이다.

1:18 조롱하는 자들이 있으리라. 말씀에 따라 살려고 애쓰는 사람들을 오히려 조롱하는 이들이 있을 것을 말하였다. 그들은 자신들도 옛날에는 그랬다고 말하면서 조롱한다. 경건의 길을 가는 사람들을 부러워하고 존경해야 하는데 조롱한다. **경건하지 않은 정욕대로 행하며.** '경건'은 '하나님을 경외함으로 하는 행동'이다. 하고 싶어도 하나님을 경외하기 때문에 하지 말아야 할 것이 있다. 하고 싶지 않아도 하나님을 경외하기 때문에 해야 하는 일이 있다. 그것이 경건이다. 그런데 경건을 생각하지 않고 '정욕(욕심)'대로 행한다. 그러면서 자신들이 쌓은 세상의 부를 더 자랑스

럽게 생각한다. 경건이 없는 삶에 대해 부끄럽게 생각하지 않는다.

1:20 지극히 거룩한 믿음 위에 자신을 세우며 성령으로 기도하며. 이러한 행동을 경건이라 말한다. 세상의 가치가 아니라 믿음 위에 자신을 세워가야 한다. 세상의 가치는 무너지지만 믿음은 영원하다. 말씀이 말하는 것을 믿는데 우리는 말씀의 풍성함을 알아 인생이 풍성하도록 해야 한다. 성령으로 기도해야 한다. 기도의 신비를 아는 사람이 되어야 한다.

1:21 하나님의 사랑 안에서 자신을 지키며. 2번째 명령형이자 제일 중요한 명령이다. '지키며'라는 단어는 유다서에서 중요한 역할을 하는 단어다. 1절에서 신앙인을 '지키심을 받은 자'라고 말하였다. 그렇게 수동태로 사용하기도 하고 때로는 이렇게 능동태로 사용하기도 한다. 여기에서는 '하나님의 사랑을 인식하며 그에 따른 생각과 행동을 하라'는 말씀이다. '하나님의 사랑'은 하나님이 우리를 사랑하시는 것도 되고, 우리가 하나님을 사랑하는 것도 된다. 신앙인은 하나님이 우리를 사랑하신 것을 아는 사람들이다. 알아가는 사람들이다. 하나님께서 우리를 사랑하신다는 사실을 아는 것이 중요하다. 계속 더 알아가는 것이 중요하다. 풍성하게 알아야 한다. 더 많이 알아야 한다. 그렇게 알아가기 위해 우리가 하나님을 사랑하는 것이 중요하다. 우리를 향한 하나님의 사랑에 상응하는 사랑이어야 한다. 하나님께서 우리를 사랑하신 것을 안다 말하면서 우리는 하나님을 사랑하지 않으면 그것은 사랑이 아니다. 사랑은 상호작용이다. 우리가 하나님을 사랑함이 있어야 우리를 향한 하나님의 사랑이 완성된다. 하나님께서 세상 모든 사람을 사랑하지만 세상 모든 사람이 구원받지 못하는 것은 그들이 하나님을 사랑하지 않기 때문이다. 자신이 하나님의 사랑 안에 있도록 자신을 지키기 위해서는 사랑의 상호작용이 매우 중요하다. 하나님이 우리를 어떻게 사랑하셨는지를 안다면 우리도 그렇게 사랑하기 위해 애써야 한다. 그것이 경건이다. **주 예수 그리스도의 긍휼을 기다리라.** 예수님의 재림으로 시작되는 영

생을 소망해야 한다. 영생은 이 세상의 어떤 것보다 더 가치 있다. 그러한 절대가치를 추구하기 때문에 '경건을 위해 애쓰는 삶'을 산다. 누군가 자신들의 생각으로 경건을 조롱해도 영원한 진리인 성경이 말하고 우리의 삶에서 신비로 인도하시는 성령 하나님의 인도하심 속에서 경건의 길을 행복하게 걸어가야 한다.

1:22 의심하는 자들을 긍휼히 여기라. 후반부의 나머지 3개의 명령형이 이곳(22절-23절)에 사용되고 있다. '의심하는 자'는 '흔들리는 자'로도 번역할 수 있다. 어떤 때는 경건의 길을 갔다가 어느 때는 세상의 길을 가는 사람이다. 그렇게 연약한 사람을 긍휼히 여기라고 말한다. 이리저리 흔들리는 사람을 보면 때로는 얄미울 수도 있다. 예수님은 '십자가의 길'을 가셨는데 '꽃 길'만 가려는 사람을 보면 얄밉다. 힘든 일에는 슬그머니 빠지는 사람을 보면 얄미울 수 있다. 그러나 그들을 긍휼히 여겨야 한다. 경건을 모르고 십자가의 길을 모르는 사람은 불행한 사람이다. 그러니 그들을 불쌍히 여기고 참아주어야 한다. 그들은 힘든 길을 걷지 않는 사람일 뿐만 아니라 영광의 길을 가지 못하고 있는 사람이다. 얼마나 불쌍한가?

1:23 어떤 자를 불에서 끌어내서 구원하라. 두번째 부류 사람이다. 경건의 길을 가지 않는 그 사람이 '불(지옥)의 길'을 가는 사람일 수도 있다. 그렇다면 그들을 영원한 불에서 건져내는 것이야 말로 얼마나 중요하겠는가? 지옥에 가는 사람을 건지기 위해 사랑의 수고(경건의 행동)를 하는 것을 피하지 말아야 한다. 세상에는 여러 수고가 있다. 자신의 문제로 환난을 당하고 수고(고난)를 하는 경우가 있다. 다른 사람을 위해 수고(고난)를 하는 경우도 있다. 다른 사람의 구원을 위해 수고(고난)를 하는 경우가 있다. 그렇다면 우리는 어떤 수고를 하겠는가? **어떤 자를 그 육체로 더럽힌 옷까지도 미워하되 두려움으로 긍휼히 여기라.** 세번째 부류의 사람이다. 아주 못된 교인을 사랑하는 것을 말한다. 그들의 독이 나와 다른 사람에게 해를 끼치지 않도록 조심하면서 '두려움으로 긍휼히 여기는'것이 필요하다. 모든 사람을 사랑해야 한

다. 그것이 경건의 길이다.

경건의 길을 가는 사람은 자신의 마음을 잘 다스려야 한다. 경건의 길을 갈 때 힘들다. 경건의 길은 행복하지만 힘들다. 자신의 욕심이 아니라 하나님의 뜻을 이루어 가는 것이기 때문에 십자가의 길인 경우가 많다. 그때 경건하지 않은 사람의 몫까지 감당할 때 그들을 비방할 것이 아니라 긍휼히 여겨야 한다.

1:25 하나님께...영광과 위엄과 권력과 권세가 영원 전부터 이제와 영원토록 있을지어다.
하나님께 찬란한 영광이 있다. 우리가 경건의 길을 간다는 것은 하나님께 잇대어지는 것이다. 우리가 경건의 길을 가는 것은 바로 그러한 영원한 영광을 따라 가는 것이다. 세상의 지극히 작은 이익 따라 가는 세상적인 모습과 다르다. 그러한 큰 영광의 길을 가는 것이라는 놀라운 영광의 마음을 가지고 가야 한다. 경건의 길은 힘들지만 영광의 길이다. 이것을 명심하고 또 명심해야 한다. 물론 혼자 힘들게 경건의 길을 가면 억울할 때도 있다. 그러나 그것은 영광을 놓친 마음이다. 억울할 것이 아니라 영광스럽게 생각해야 한다. 경건의 길이 얼마나 영광스러운지를 철저히 알아야 경건의 길을 가지 않는 사람을 긍휼히 여길 수 있게 된다. 경건의 길을 가지 않는 사람을 긍휼히 여기지 않으면 자신의 경건의 길을 제대로 갈 수 없다.